WILD PLACES DEUTSCHLAND

Die schönsten Naturerlebnisse
fernab des Trubels

WILD PLACES DEUTSCHLAND

Die schönsten Naturerlebnisse fernab des Trubels

Jörg Berghoff

BRUCKMANN

INHALT

↓ Deutschland und seine Gewässer (von links nach rechts): Segelboote am Geiseltalsee, Fischer Schröder auf dem Gülper See, Abendstimmung am Schweriner See, Bioprodukte mit Algen und Rheinauen mit Schloss Johannisberg im Rheingau.

↑ Die Mohnblüte bei Blankenburg im sachsen-anhaltinischen Harz verzaubert jedes Jahr die Wandernden.

↑ Wenn die Sonne untergeht im Nationalpark Sächsische Schweiz, wird die Landschaft in ein magisches Licht getaucht.

↓ Von links nach rechts: Ob beim Aufstieg zum Tegelberg, auf einer Havel-Schifffahrt, in einem gemütlichen Hotel oder am Fundort der Himmelsscheibe von Nebra, Deutschland ist so bunt wie die Fans im Fußballstadion (Mitte).

Die Buchen auf dem Schauinsland im Schwarzwald gelten als Bäume der Weisheit und Transzendenz.

50 km
N
DÄNEMARK
Ostsee
Nordsee
Nordfriesische Inseln
5
Flensburg
Arnis
Schleswig
7
Kieler Bucht
Fehmarnbelt
Fehmarn
Darß
Rügen
Sassnitz
Binz
Sankt Peter-Ording
Kiel
6
Nord-Ostsee-Kanal
Meldorf
Helgoland
Deutsche Bucht
8
Heiligendamm
Stralsund
Greifswald
Usedom
Peene
9
Lübecker Bucht
Rostock
Lübeck
Wismar
Ostfriesische Inseln
Cuxhaven
Elbe
Wilhelmshaven
4
Schwerin
10
Neubrandenburg
Greetsiel
Stade
HAMBURG
Bremerhaven
Mecklenburgische Seenplatte
Müritz
Emden
Buxtehude
Geesthacht
Ludwigslust
Leer
Weser
Papenburg
Oldenburg
Bremen
Lüneburg
Lüneburger Heide
Prignitz
Schwedt
Oder
POLEN
NIEDERLANDE
Aller
Havelland
Altmark
1
3
Nauen
Meppen
Ems
Hannover
Wolfsburg
17
Tangermünde
BERLIN
Brandenburg
Potsdam
Frankfurt (Oder)
Braunschweig
Rhein
Rheine
Osnabrück
Weser
Weserbergland
Hildesheim
Magdeburg
2
Münster
Münsterland
Bielefeld
Hameln
15
11
Pömmelte
Goslar
Halberstadt
Harz
16
Quedlinburg
Dessau
14
Lutherstadt Wittenberg
Spree
Cottbus
Xanten
Castrop-Rauxel
Paderborn
Saale
19
Oberhausen
Dortmund
Göttingen
Torgau
Duisburg
Essen
21
Halle
Neiße
Viersen
22
Düsseldorf
Wuppertal
Sauerland
Kassel
31
Nordhausen
18
Leipzig
Bad Frankenhausen
Nebra
13
Riesa
Bautzen
24
Naumburg
Meißen
Görlitz
Leverkusen
27
Fulda
Elbe
12
Rur
KÖLN
25
Erfurt
Weimar
Dresden
Zittau
Aachen
Siegen
Bad Hersfeld
Eisenach
Jena
Chemnitz
30
Gera
Bonn
23
Marburg
26
Thüringer Wald
Monschau
34
Tann
Schmalkalden
29
Gießen
Fulda
Erzgebirge
BELGIEN
Koblenz
Limburg
32
Plauen
20
Hof
Cochem
28
Wiesbaden
FRANKFURT a. Main
Coburg
Eberbach
Bitburg
Bacharach
Mainz
Schweinfurt
36
Mosel
LUXEMBURG
Hunsrück
Trier
Nahe
33
Darmstadt
50
Bamberg
Oberpfälzer Wald
TSCHECHIEN
Main
Würzburg
Neustadt a. d. W.
Luxembourg
Saarburg
Miltenberg
Worms
Mannheim
Ochsenfurt
Fränkische Alb
Saar
Ludwigshafen
Kaiserslautern
Hambach
Heidelberg
49
45
46
44
Nürnberg
Völklingen
Saarbrücken
Speyer
Mosbach
Rothenburg o. d. Tauber
43
Furth im Wald
Bayerischer Wald
Rhein
Heilbronn
47
Karlsruhe
Marbach a. N.
Dinkelsbühl
48
Regensburg
41
Eichstätt
42
38
Deggendorf
Ludwigsburg
STUTTGART
Nördlingen
40
Ingolstadt
Landau a. d. Isar
39
Passau
Schwarzwald
Reutlingen
Neckar
35
Lech
Isar
Bisingen
Offenburg
Schwäbische Alb
Ulm
Neu-Ulm
Augsburg
Freising
FRANKREICH
Inn
Donau
Freiburg im Beisgau
Iller
Altötting
Burghausen
Donau
MÜNCHEN
Titisee
Ammersee
Starnberger See
Wasserburg
Salzach
Überlingen
Salem
Ravensburg
Kaufbeuren
Rosenheim
Chiemsee
Lörrach
Gaienhofen
Konstanz
Kempten
Murnau a. Staffelsee
Bad Tölz
Berchtesgaden
Rhein
Lindau
Immenstadt
37
Bayerische Alpen
Bodensee
Oberstdorf
Garmisch-Partenkirchen
Inn
SCHWEIZ
ÖSTERREICH
LIECHTENSTEIN

VORWORT

AUF DER SUCHE NACH DER WILDNIS

Deutschland abseits der großen Städte hält so manche Überraschung für Reisende bereit, die auf der Suche sind nach ursprünglicher Natur und einer Form von Wildnis, die verloren schien. Da sind zum einen die Natur- und Nationalparks, aber auch kleine, versteckte Schätze am Rande der großen touristischen Routen, die ungewöhnliche Entdeckungen bereithalten.

Es ist an der Zeit, unsere Haltung zur »Natur« nicht nur zu überprüfen, sondern grundlegend zu verändern, sonst wird unser Planet nicht überleben. Unser Verständnis von Natur ist geprägt von einem Gegensatz, der weit davon entfernt ist, als ein Ganzes verstanden zu werden: Unser Gemeinwesen, unser Wohnen und Leben finden überwiegend »drinnen« statt, und den Rest, das »da draußen«, bezeichnen wir gern als »Natur«. Diese Trennung ist nicht nur aus globaler Sicht wenig hilfreich, sie verführt uns auch zu der Annahme, diese für uns lebenswichtige Umgebung und ihre Materie ließen sich als Rohstoffe unendlich ausbeuten. Höchstens in ausgewählten Flächen lassen wir so etwas wie ursprüngliche Wildnis zu, doch meist auch nur, wenn sie zu unserer Erholung beiträgt. Wir wissen zwar, dass Natur aus lebendigen Wesen und Stoffen besteht, behandeln sie aber oft genug wie tote Materie, die unseren Zwecken zu dienen hat. Das ist eine Grundhaltung, die nicht erst seit dem Klimawandel unsere Existenz bedroht. Was sollen wir also tun, um unsere Einstellung zur Natur auf gesündere Füße zu stellen, denn letztlich ist sie es, die uns im wahrsten Sinne des Wortes trägt?

Naturknigge für unterwegs

Ein Anfang ist schon einmal gemacht, wenn man der Natur mit dem notwendigen Respekt begegnet. Das fängt mit kleinen Dingen an, hat aber große Auswirkungen: Man nimmt alles wieder mit, was man zu Beginn der Reise oder des Ausflugs dabeihatte. Man nutzt für das Fahrzeug nur ausgewiesene Parkplätze. Picknickdecke und Proviant werden nur an ausgeschilderten Stellen ausgepackt. Mit Zelt oder Wohnmobil übernachtet man auf Camping- oder Stellplätzen, und auch Angeln, Baden und Grillen ist nur an dafür vorgesehenen Orten erlaubt. Das hört sich für viele Naturliebhaber wie Selbstverständlichkeiten an, kann aber nicht oft genug betont werden. Denn gerade in den Kernzonen vieler Natur- und Nationalparks gibt es Gebiete, die sich auf dem Weg zurück zur Wildnis befinden, da wirft jede noch so kleine Nachlässigkeit das ökologische Gleichgewicht aus der Bahn. Dabei ist gerade das Erleben von Wildnis für uns so heilsam und lehrreich. Um diese wilden Orte aufzuspüren, braucht man nicht einmal weit zu reisen. Oft liegen sie vor unserer Haustür.

Ob in der Ferne oder in der Nähe, alle hier versammelten Naturorte mit Wildnis-Charakter eignen sich zur aktiven Erholung, und sie ermöglichen es, unsere Sinne zu schärfen, um die Trennung von Drinnen und Draußen zu überwinden und eine sensiblere Haltung gegenüber der Natur einzunehmen, von der wir oft nur ahnen, wie stark sie sich auf unser Wohlbefinden auswirkt. Wer im erwachenden Frühling durch den Wald geht, wer im Sommer abgelegene Seen umwandert, im Herbst der Farbenpracht des Blättermeeres folgt und im Winter eine mit Schnee bedeckte Feldlandschaft quert, wird spüren, dass er sich nicht nur in der Natur bewegt, sondern die Natur auch in sich aufnimmt. Damit ist viel gewonnen. Denn wir begeben uns damit auf den Weg, andere Lebewesen, Pflanzen und die Erde besser zu verstehen und zu erkennen, dass wir uns immer und überall in einer Umgebung befinden, die uns durch die Photosynthese der Pflanzen erst jene Luft zum Atmen schenkt, ohne die wir nicht existieren können.

← Im Nationalpark Hainich kann sich die Natur ungestört entfalten.
↑↗ Auf einem Spaziergang durch den Wald und beim Radeln über Feld- und Wiesenwege kommt die Seele zur Ruhe.

FAKTEN UND FASZINIERENDES

Wir glauben, Deutschland zu kennen, und dennoch sind wir überrascht über manche Tatsachen, die wir uns so nicht vorgestellt haben: ungewöhnlich, wild, vielfältig.

DEUTSCHLAND KOMPAKT

Die Bundesrepublik Deutschland besitzt eine Fläche von 357 340 Quadratkilometern, die von Nord- und Ostseeküste im Norden bis zu den Alpen im Süden reichen. Die Küstenlänge beträgt 2442 Kilometer. Die Bevölkerung besteht aus 83,1 Millionen Menschen, davon sind 42,1 Millionen Frauen und 41 Millionen Männer. Damit ist Deutschland das bevölkerungsreichste Land der EU. Die durchschnittliche Lebenserwartung der Frauen liegt bei 83 Jahren, die der Männer bei 78 Jahren. Es gibt 41,4 Millionen Haushalte in Deutschland.

BIOPRODUKTE

In Deutschland liegen Bioprodukte im Trend. Rund 32 000 Biohöfe – das entspricht etwa 12 Prozent der Landwirtschaftsbetriebe – bewirtschaften knapp zehn Prozent der landwirtschaftlichen Nutzfläche, Tendenz steigend.

NATIONALPARKS

Tier- und Pflanzenschutz ist ein wichtiges Thema in Deutschland. Es gibt 16 Nationalparks, 18 UNESCO-Biosphärenreservate und 106 Naturparks. Es wird angestrebt, auf zwei Prozent der Landesfläche »echte Wildnis« zuzulassen.

BROT UND BIER

Viele regionale Spezialitäten prägen die 16 deutschen Bundesländer. Zu diesen gehören über 3200 Brotspezialitäten und Tausende Biersorten, die nach dem Reinheitsgebot von 1516 gebraut werden.

WIRTSCHAFT

Deutschland ist nach den USA, China und Japan die viertgrößte Volkswirtschaft der Welt. Für die stark exportorientierten Unternehmen im Automobil-, Maschinen- und Anlagenbau sowie der Chemieindustrie sind die wichtigsten Handelspartner die Länder der Europäischen Union, die USA und China.

WANDER- UND RADWEGE

Deutschland besitzt ein rund 200 000 Kilometer langes Wanderwegenetz, hinzu kommen über 200 gut ausgeschilderte Radfernwege wie zum Beispiel der 818 Kilometer lange »Deutsche Limes-Radweg«.

REISEN

Im Jahre 2019, noch vor der Coronapandemie, betrug die Zahl touristischer Übernachtungen in Deutschland 495,6 Millionen, darunter waren 89,9 Millionen Übernachtungen von Gästen aus dem Ausland. Rund 75 Prozent der ausländischen Gäste kommen aus Europa, vor allem aus den Niederlanden, der Schweiz, Großbritannien und Italien.

WALDFLÄCHEN, SONNE UND REGEN

Knapp ein Drittel, insgesamt 114 191 Quadratkilometer der Fläche Deutschlands, bestehen aus Waldgebieten. Das Bundesland mit der größten Waldfläche ist Bayern, das über knapp 2,5 Millionen Hektar Wald verfügt. Durchschnittlich 1800 Sonnenstunden gibt es pro Jahr in Deutschland, wobei sich im Jahr 2021 Baden-Württemberg und Bayern über die meiste Sonne freuen konnten. Am seltensten schien sie 2021 in Niedersachsen. Und die durchschnittliche Niederschlagsmenge beträgt 730 Liter pro Quadratmeter.

WOHNEN UND LEBEN

In Deutschland lebt knapp die Hälfte der Menschen zur Miete, damit nehmen die Deutschen im europäischen Vergleich den Spitzenwert ein. Rund 30 Prozent der Bevölkerung leben in Großstädten mit über 100 000 Einwohnern. 80 Städte dieser Größenordnung gibt es in Deutschland.

Wer mit dem E-Bike unterwegs ist, findet im Naturpark Nuthe-Nieplitz in Brandenburg so manches schattige Plätzchen für eine Rast.

UNSER NACHHALTIGKEITSKODEX

Die Welt birgt viele Wunder, Abenteuer und spektakuläre Aussichten, die wir gerne erkunden möchten. Doch sie ist auch leicht aus dem Gleichgewicht zu bringen. Hier ein paar Tipps, wie wir unsere Welt nachhaltig entdecken können:

- **Die Hauptsaison meiden:** Wenn wir nicht gerade auf die Ferienzeiten angewiesen sind, können wir der Umwelt einen großen Gefallen tun, indem wir in der Nebensaison verreisen. Damit tragen wir zu einer gleichmäßigeren Auslastung der Umwelt und der Infrastruktur bei und der Urlaub wird dazu auch noch wesentlich entspannter.

- **Die Aufenthaltsdauer dem Reiseziel anpassen:** Je weiter das Reiseziel ist, desto länger sollte der Aufenthalt sein. Dadurch lernen wir die Region nicht nur intensiver kennen, sondern stärken sie ganz nebenbei noch durch unsere Ausgaben vor Ort. Anfahrtsintensive Tagesausflüge sollten besser vermieden werden, das bedeutet nur Stress, sowohl für die Umwelt als auch für uns selbst.

- **Auf umweltschonende Verkehrsmittel setzen:** Wo es möglich ist, reisen wir mit öffentlichen Verkehrsmitteln an. Das reduziert nicht nur die Luftverschmutzung, sondern schont auch unsere Nerven. Falls das nicht geht, helfen verschiedenste Plattformen dabei, den CO^2-Austoß auszugleichen, vor allem, wenn das gewünschte Reiseziel nur mit dem Flugzeug zu erreichen ist.

- **Nur dort parken und campen, wo es erlaubt ist:** Selbst, wenn wir uns noch so vorbildlich verhalten und unseren Aufenthaltsort so hinterlassen, wie wir ihn vorgefunden haben, stören wir den Lebensraum von Wildtieren und hinterlassen Spuren und Gerüche. Auch Lagerfeuer entzünden wir ausschließlich an den dafür vorgesehenen Stellen und achten dabei auf Waldbrandstufen und Naturschutzgebiete.

- **Ressourcen gewissenhaft nutzen:** Manche Umweltressourcen sind bereits knapp, endlich sind auf jeden Fall alle. Um sie zu schonen, sollten wir sparsam mit ihnen umgehen, gerade in Gegenden, in denen zum Beispiel Wasser oder Strom nicht im Überfluss vorhanden sind.

- **Ein guter Gast sein:** Nachhaltig unsere Umgebung zu erkunden bedeutet auch, der hiesigen Flora und Fauna mit Respekt zu begegnen. Pflanzen sollten auf keinen Fall gepflückt werden, aber sie stehen uns bestimmt gerne Modell für das eine oder andere Foto. Das gleiche gilt für wilde Tiere: wir füttern sie nicht, halten Abstand und beobachten sie aus der Ferne.

- **Auf den Wegen bleiben:** Wer die vorgegebenen Wege verlässt, dringt nicht nur in die Rückzugsräume heimischer Arten ein, sondern trägt auch dazu bei, dass sich neue Wege bilden, was zur Erosion des Bodens führt.

- **Abfall wieder mitnehmen:** Plastikverpackungen jeglicher Art, Dosen, Flaschen und Papiertaschentücher (es dauert Jahre, bis sich ein einzelnes Taschentuch vollständig abgebaut hat!) gehören nicht in die Natur, sondern artgerecht entsorgt. Am besten gleich eine wiederverwendbare Brotdose oder Trinkflasche mitnehmen. Dazu zählen natürlich auch Toilettenpapier und der Inhalt von (Chemie-) Toiletten. Entsprechende Entsorgungsstationen finden sich überall.

- **Lokal kaufen:** Dadurch lernen wir Land und Leute besser kennen und unterstützen die regionale Wirtschaft, außerdem sind regionale Produkte meist auch preisgünstiger und qualitativ hochwertiger.

So wie wir die Umwelt respektieren, wollen wir auch unseren Mitmenschen und deren Kultur Respekt entgegenbringen, gerade im Hinblick auf deren Traditionen, Religion oder typische Gebräuche. So können ein Lächeln oder ein paar Worte in der Landessprache Berge versetzen!

Weg in den Himmel: Auf Amrum, seinem Kniepsand und der Dünenlandschaft führen die Wege direkt ins Paradies.

DER NORDEN

Immer nah am Wasser: Flaches Land und abwechslungsreiche Küsten- und Wasserlandschaften prägen den Nordteil Deutschlands.

1

VERSTECKTES NATURPARADIES

AM GÜLPER SEE

Das Naturschutzgebiet Gülper See liegt im Westhavelland in Brandenburg. Es wurde bereits 1967 unter Schutz gestellt und zählt damit zu den ältesten Naturschutzgebieten Deutschlands. Seine Lage in der Unteren Havelniederung integriert es in das größte zusammenhängende Binnenfeuchtgebiet Mitteleuropas.

Auch wenn am frühen Morgen der Tau von den Wiesen und der leichte Nebel über dem Wasser sich nicht um die sonst so wasserdichte Anglerlatzhose scheren und die Beine hinabkriechen, gilt den Wettergöttern unser Dank: Denn es regnet nicht, und die wenigen Wolken am Himmel über dem Gülper See lassen einen eher sonnigen Tag erwarten. Diesen können wir auch gut gebrauchen, denn wer ist schon in der Technik des Zugfischens so geübt, dass er keine Bekanntschaft mit dem Seewasser fürchten muss. Und das Wasser hat keineswegs Badetemperatur, auch wenn die durchschnittliche Tiefe des Gülper Sees nur anderthalb Meter beträgt.

Auf dem Weg zu den Fischgründen herrscht gespannte Stille im Kahn – abgesehen von einigen Anweisungen der beiden Fischer in den zwei Booten, die die Teilnehmer in ihrer rauen, wortkargen Bestimmtheit darauf einstimmen, dass es sich bei diesem Bootsausflug um keine reine Vergnügungsfahrt handelt. Es soll ja etwas gefangen werden, denn wenn die Netze mehr oder weniger leer bleiben, sind nur Kosten entstanden, die mit den Beiträgen der Fischfangneulinge kaum zu decken sind.

← Das Ausbringen der Netze am Gülper See geht einem ganz leicht von der Hand, wenn man weiß, wie es gemacht wird.

Bedeutendes Vogelparadies

Am Ufer zieht dichter Weidenbewuchs vorbei, die Wasseroberfläche kräuselt sich in sanften Wellen, verursacht von leise vorwärts tuckernden Fischerkähnen. Dann öffnet sich der See ganz plötzlich vor den blinzelnden Augen und verwandelt sich in ein endlos erscheinendes Wasserreich, das am Horizont mit dem Himmel zu einem untrennbaren Graublau verschwimmt. Kaum hat man den offenen See erreicht, tauchen die ersten Vögel auf, denn das Gebiet um den Gülper See ist ein international bedeutendes Rast-, Nahrungs- und Brutgebiet für zahlreiche Wasser- und Wattvogelarten. Hier brüten Flussseeschwalbe, Rohrweihe und Rohrdommel, als reich gedeckten Tisch nutzen Kiebitz, Goldregenpfeifer und Bruchwasserläufer den See. Sogar Doppelschnepfe und Zwergschnepfe sind hier regelmäßig zu sehen. Im Winter trifft man vor allem auf Sing- und Zwergschwäne, die schon einmal die ansonsten stille Natur in eine imposante Geräuschkulisse verwandeln können. Den 660 Hektar großen See umgibt ein Feuchtgrünland, das extensiv, also umweltverträglich bewirtschaftet wird und so große Bedeutung als Brutgebiet gefährdeter Wiesenbrüter wie Uferschnepfe und Wachtelkönig besitzt. Auf ihren weiten Reisen nutzen Zugvögel wie Kranich, Bläss- und Saatgänse den See auch wegen seines Fischreichtums als Zwischenstation, zu dem seltene Arten wie der vom Aussterben bedrohte Bitterling und die Zope, eine Karpfenart, gehören.

Heute wollen wir Karpfen fischen, mit einem riesigen Netz, das im Boot liegt wie ein unentwirrbares Geflecht. Aber man ist besser still, wer zu viel fragt, riskiert ein desillusionierendes Kopfwackeln als Antwort. Also schön ruhig bleiben und die wundervolle Aussicht auf den See, die Weite und die Wolken genießen. Nach einer guten Dreiviertelstunde erreicht man dann jenen Ort am See, den die Fischer für heute als den erfolgversprechendsten auserkoren haben. Jahrzehntelange Erfahrung, das Wetter, die Farbe des Sees, die Jahreszeit, das Kräuseln der Wasseroberfläche, die Windrichtung und vieles mehr hat sie mit einem unbezahlbaren Erfahrungsschatz ausgestattet, dem gegenüber man sich wie ein völlig unbedarfter Laie vorkommt.

Fischfang mit Herz

Der Fangplatz ist erreicht, die Kommandos kommen kurz und knapp, es bleibt keine Zeit, lange darüber nachzudenken, ob der See hier auch tatsächlich nur einen Meter tief ist. Raus aus dem Boot und Hand ans Netz, weiterreichen, ziehen, nicht zu schnell natürlich, das stete, gleichmäßige Auslegen bringt den Erfolg. Und nicht so viel herumzappeln, da knabbert schon kein Krokodil an den Füßen. Doch die Mischung aus Zuckerbrot und Peitsche gelingt den Fischern so gut, dass man vom Ehrgeiz gepackt wird und seine Arbeit perfekt machen will. Ein Anflug von Lächeln überzieht die von Wind und Wetter gegerbten Gesichter der Fischer: Haben wir es doch tatsächlich wieder geschafft, den Städtern die Grundzüge des Fischfangs am Gülper See zu vermitteln, ohne dass einer ins Wasser geplumpst ist und uns alle Fische verjagt hat. Das Netz zieht sich langsam im großen Halbkreisbogen zu, die ersten Karpfen werden mit dem Köcher ins Wasserbad auf die Kähne verfrachtet, und mit jedem Prachtkerl klaren sich die Mienen der Fischer auf. Nur nicht hektisch werden, gleichmäßig ziehen, anheben, ziehen. Wenn dann der Fang an Bord ist, hat man noch lange nicht das Ende erreicht. Natürlich muss das Netz jetzt auch wieder fachmännisch an Bord gebracht werden und zwar hurtig. Denn dort hinten ziehen Regenwolken auf. Aber keine Sorge, wir haben ja etwas gelernt auf diesem Ausflug. Und schönen Dank auch für das Abenteuer auf dem Gülper See und das äußerst schmackhafte Fischmenü am Ende des Vormittags. Wir kommen wieder mit der Verwandtschaft, dann können die mal fischen gehen, und wir legen uns mit einer Tasse Kaffee in den Liegestuhl am See.

↗ Mächtige Weiden biegen sich über das Wasser am Gülper See und bieten der Vogelwelt Unterschlupf.
← Fischer Wolfgang Schröder taxiert die Wasseroberfläche, daran erkennt er, an welchen Stellen sich der Netzauswurf lohnen könnte.
↗ Netze und Köcher werden auf der Leine getrocknet und überprüft.

INFO

FISCHFANG
Gemeinsam mit Fischer Wolfgang Schröder in Strodehne kann man die schöne Morgenstimmung auf dem Gülper See erleben und frische Fische fangen. Zugfischen heißt die Technik, die er auf dem flachen See ausübt, der auch ein bekannter Brut- und Rastplatz für Wasservögel ist. Eine komfortabel und gemütlich eingerichtete Ferienwohnung gibt es ebenfalls auf dem Anwesen des Fischers – und einen Hofladen. www.fischerei-schroeder.eu

WASSERWANDERN
Die nördlich von Rhinow gelegene Dorfgemeinde Strodehne liegt an der Havel ganz in der Nähe des Gülper Sees. Der Ort besitzt neben einer schönenNaturbadestelle auch einen Wasserwanderrastplatz für Kanuten und Paddler. www.strodehne.de

WANDERWEG
Ein rund fünf Kilometer langer, leicht begehbarer Wanderrundweg am südlichen Teil des Sees führt von Gülpe zur Bockwindmühle und zu einer Beobachtungsstation, von der aus man das Vogelleben auf, am und um den See bestens beobachten kann.

Weitere Informationen unter www.reiseland-brandenburg.de

Das Einholen der Netze kostet Kraft und Erfahrung, wer zu schnell und ungleichmäßig arbeitet, verliert einen Teil des Fangs.

2

IM ZWEISTROMLAND

IM NATURPARK NUTHE-NIEPLITZ

Beelitz ist die »Spargelhauptstadt« Brandenburgs. Vor den Toren der Stadt liegt der Naturpark Nuthe-Nieplitz, im Naturparkzentrum Glauer Tal erfährt man alles über die Besonderheiten der Naturlandschaft, die als ehemaliger militärischer Übungsplatz auch ein gelungenes Beispiel für Transformation ist.

Der Name »Fläming«, wie könnte es anders sein, kommt von den Flamen, die vor Jahrhunderten diese Landschaft in der Nähe von Berlin besiedelten. Ein Landstrich, in dem ursprüngliche Traditionen gelebt und weitergegeben werden. Wälder und Felder, Dorfkirchen, Klöster und Burgen sowie kleine Städte mit historischen Stadtkernen prägen hier das Bild. Die Menschen sind bodenständig und voller Einfallsreichtum. So kann man in der Region zum Beispiel auf Europas längster Skaterstrecke unterwegs sein, bei einer Draisinen-Tour Land und Leute kennen lernen oder bei einer Wanderung durch unberührte Natur auch einige Kulturschätze bewundern. Und nicht nur der berühmte Beelitzer Spargel stammt aus dieser Gegend, sondern auch viele andere Köstlichkeiten, die in den Hofläden und Restaurants der Region angeboten werden.

Der verwunschene Park

Es gibt einige gute Gründe, den kleinen Ort Blankensee im Naturpark Nuthe-Nieplitz zu besuchen, etwa der frische Fisch von den Fischern im Ort und das nahe Wildgehege im Glauer Tal. Unbedingt dazu gehört aber auch ein Spaziergang durch den Sudermannpark, der mit dem Begriff »verwunschen« treffend beschrieben ist. Benannt ist der 3,5 Hektar große Garten nach dem Schriftsteller Hermann Sudermann, der im Schloss Blankensee ab 1902 lebte. Ursprünglich wurde dieser Park vom berühmten Landschaftsgärtner Peter Joseph Lenné angelegt. Sudermann ließ ihn umgestalten, wodurch thematisch und formal in sich geschlossene Gartenräume entstanden, die er mit Skulpturen aus seiner italienischen Sammlung versehen ließ. So begegnet man beim Spaziergang italienischen Statuen, kleinen weißen Brücken, einem Rundtempel und Marmorbänken. Im charmanten Café des Parks kann man die besondere Atmosphäre des Parks angenehm genießen.

Von April bis Oktober lohnt sich die kulinarische Radtour vom Bahnhof Beelitz bis zum Bahnhof Trebbin im Naturpark Nuthe-Nieplitz. Je nach Saison locken erntefrischer Spargel, Heidelbeeren oder Kürbis auf dem Syringhof nahe der historischen Altstadt von Beelitz. In Blankensee mit Schloss und Vogelbeobachtungssteg warten fangfrischer Fisch und der Honigautomat der Imkerei auf die Radfahrer. Zum Abschluss serviert das Café im NaturParkZentrum am Wildgehege Glauer Tal nach dem Spaziergang durch die Freiluftausstellung »Glauer Felder« selbst gebackenen Kuchen und veganen Eintopf. So kann man sich die »Glauer-Felder-Rallye« auf der Zunge zergehen lassen.

← Am Blankensee im Naturpark Nuthe-Nieplitz kann man unberührte Natur erleben.
↓ Wer in Brandenburg an Spargel denkt, dem kommt sofort die Spargelstadt Beelitz in den Sinn.

INFO

SYRINGHOF
Auf dem Weg in den Naturpark Nuthe-Nieplitz sollte man einen Stopp am Syringhof in Zauchwitz einlegen, einem Familienunternehmen, das sich der ökologischen Herstellung hochwertiger Obst- und Gemüseprodukte verschrieben hat, darunter auch Spargel. Immerhin belegt Deutschland mit einer Spargelproduktion von über 117 000 Tonnen jährlich den vierten Rang auf der Welt nach China, Peru und Mexiko.
www.syringhof.de

BAUM UND ZEIT
Ein Besuch des Baumkronenpfads Baum & Zeit ist ein lohnenswerter Abstecher. Von oben hat man einen beeindruckenden Blick auf das Areal der ehemaligen Beelitzer Heilstätten und kann ganz nebenbei die eigene Höhentauglichkeit unter Beweis stellen.
https://baumundzeit.de

Weitere Informationen findet man unter
www.naturpark-nuthe-nieplitz.de und
www.reiseregion-flaeming.de

3

MILOWER LAND

IM NATURPARK WESTHAVELLAND

Die Gemeinde Milower Land liegt im brandenburgischen Landkreis Havelland. Die Region gilt als »Wiege der Mark Brandenburg«, und die seenreiche Landschaft des Westhavellandes ist ein ideales Ziel für Wasser-, Wander- und Radurlauber.

Fast jedes Schulkind – zumindest in Norddeutschland – hat schon einmal vom Havelland gehört – Theodor Fontanes Herrn von Ribbeck auf Ribbeck im Havelland und seinen Birnen sei Dank. Doch die Region, die westlich von Berlin und der Landeshauptstadt Potsdam liegt und bis an Sachsen-Anhalt heranreicht, hat neben Obst noch viel mehr zu bieten. Denn immerhin steht ein Drittel der Landesfläche Brandenburgs unter Naturschutz. Da sind vor allem der Naturpark Westhavelland, das weitläufigste Großschutzgebiet des Landes Brandenburg und eine der gewässerreichsten Regionen Deutschlands zu nennen. Und Brandenburg ist darüber hinaus das Bundesland der großen Gärten und Parks.

Luftige Höhen im Havelland

Aber es gibt auch die kleinen Gärten, weitab der großen Städte wie Potsdam oder Cottbus. Es sind gärtnerische Kleinode wie beispielsweise Brandenburgs einziger Apothekergarten in Milow. Hand aufs Herz: Milow und seine Ortsteile Marquede, Neu Dessau, Wilhelminenthal, Alte Schäferei oder Wolfsmühle, wer hat davon schon gehört? Den hübschen Ort im Havelland mit seinen rund 4300 Einwohnern sollte man durchaus kennenlernen, denn noch etwas Besonderes hat die kleine Gemeinde zu bieten: die Milower Berge. Wie bitte, Berge im Havelland? Schon von Weitem sind sie nicht zu übersehen, drei markant bewaldete Hügel, die auf einmal und völlig unerwartet aus der Landschaft herausragen. Sie sind zwar nur zwischen 71 und 85 Meter hoch, Wandernde werden trotz der niedrigen Höhe mit einer einzigartigen Aussicht ins Havelland belohnt. Auf der anderen Havelseite, in Milow, befindet sich der sehenswerte und mit viel Liebe zum Detail gepflegte Apothekergarten. Hier wachsen rund 150 verschiedene Heilpflanzen wie etwa das gelb blühende Johanniskraut, das beruhigend wirkt und gegen Nervosität hilft. Apotheken-Inhaberin Beatrix Schlegel bringt ihren Gästen in diesem Garten die vielfältigen Möglichkeiten der Pflanzenheilkunde näher. Auch die Kirche in Milow ist ein kleines Schmuckstück, wer länger bleiben möchte und die Gegend genauer erkunden will, nimmt sich einfach ein Zimmer im Gasthof Milow und macht am nächsten Tag noch einen Abstecher ins Künstlerdorf Bahnitz an der Havel – mit herrlicher Badestelle und einem kleinen Café in Strandnähe. Dorthin radelt es sich besonders schön über den gut ausgebauten Havelradweg. Wer lieber den Wasserweg dorthin nehmen möchte, leiht sich in Milow ein Kanu und findet aktive Erholung auf den zahlreichen Wasserwegen.

INFO

STERNENHOTSPOT
Viele kommen wegen der Dunkelheit ins Westhavelland, um in Deutschlands erstem Sternenpark den Nachthimmel zu bewundern. In Rathenow empfängt Sven Schönberg Gäste in seinem Hotel Sonn'Idyll und bietet ihnen Doppelliegen, Heizdecke und Fernrohr auf einem Anhänger, mit dem er ihnen im Sternenpark wundervolle Himmelsansichten ermöglicht.
www.sonnidyll.de

WALDMOPSFÜHRUNG
Manchmal wird ein Natururlaub umso intensiver erlebbar, wenn man ihn mit einer Prise Humor würzt, etwa einer Erkundungstour mit Waldmopsführung: »Warum ist ein Leben ohne Mops möglich, aber sinnlos?« Die witzige Spurensuche in Brandenburg an der Havel widmet sich dem Ehrenbürger Vicco von Bülow.
https://erlebnis-brandenburg.de/loriot

Weitere Informationen findet man unter
www.westhavelland-naturpark.de

← Idyllische Liegeplätze für Freizeitkapitäne gibt es an der Havel zur Genüge.
↑ Der Milower Berg, in der Eiszeit entstanden, besitzt am Südhang seltene Trockenrasenpflanzen wie die Graue Skabiose.

WANDERN IM WATT UND AM STRAND

Es gibt kaum einen Menschen, der sich für die Natur im weitesten Sinne interessiert, dem nicht die Bewunderung ins Gesicht geschrieben steht angesichts der endlosen Weite des Meeres, einer idyllischen Strandlandschaft oder einer imposanten Wattwanderung. Wasser in all seinen Formen zieht uns magisch an.

Am Meer, am Strand und im Watt beginnen unsere Gedanken zu tanzen, tauchen aber sehr schnell aus dem anfänglichen wilden Assoziationsgewirr in ruhigeres Fahrwasser und scheinen sich dem gleichmäßigen Strom der Wellen, die wir bewundern, anzugleichen. Wie von wundersamer Hand geleitet, finden wir innere Ruhe und einen harmonischen Rhythmus in unseren Bewegungen. Aber woran liegt diese wunderbare Verwandlung vom gestressten Großstadtmenschen zum stillen, in sich ruhenden Strand- und Wattwanderer? Was macht die wortlose Kom-

← Der Weg zum Nordstrand auf Juist lockt nicht nur im Sommer.
↙ Wandern am Wasser in der Abendsonne ist ein krönender Abschluss für den Tag am Meer.
↓ Die Nordsee und ihre Sandstrände ziehen junge und ältere Wasserwandernde an.

munikation zwischen Meer und Mensch aus, gibt es sie überhaupt, oder bilden wir uns das alles nur ein? Man muss kein Prophet oder Psychologe sein, um dieses Rätsel zu lösen, oft sind die Dinge einfacher, als sie auf den ersten Blick erscheinen. Da ist zunächst einmal die für uns leicht nachvollziehbare, logisch erscheinende Streckenführung, mit der sich Strandwege von den verschiedensten Landstrichen dahinter unterscheiden. Dadurch erscheint uns der Weg vertraut, vorhersehbar und damit beruhigend. Dann kommt uns im Frühling und Sommer eine angenehme Kühle vom Wasser entgegen, die der Seele schmeichelt. Und nicht zuletzt sorgen das gleichmäßige Plätschern der Wasserbewegung und das sanfte Schlagen der Wellen ans Ufer für ein wohliges Gefühl.

Juist, Amrum und Neuwerk

Und selbst im Herbst und Winter, wenn Nebelschwaden und Eisblöcke das Meer begleiten, strahlt es eine immerwährende Ruhe aus. Alles zusammen sind das einige der Gründe, die eine Wanderung entlang eines Strandes und durch das Watt zu einem so angenehmen Auszeiterlebnis machen. Bleibt noch die Frage zu klären, welche Strand- und Wattwanderwege sich besonders für aktive Erholung anbieten. Da hat unser schönes Deutschland eine beeindruckende Vielfalt an Küstenstreifen und Wattregionen zu bieten, die keine Wünsche offenlassen. Meine persönlichen Lieblingswege sind die Strände auf Juist und Amrum, die mit ihrer Weite, ihren feinsandigen Weiß- und Beigetönen und dem endlos erscheinenden Horizont sich hinter keinem Südseefeeling verstecken müssen. Im Weltnaturerbe Wattenmeer liegt die kleine Insel Neuwerk. Ein paar Kilometer durchs Watt laufen, und schon ist man in Hamburg. Zu Fuß oder mit dem Wattwagen erreicht man die Insel, die seit 1204 zur Hansestadt gehört, bei einsetzender Ebbe. www.die-nordsee.de/wattwandern-nordsee

4

RAUE NATURSCHÖNHEITEN

DIE LAUENBURGISCHEN SEEN

Der Naturpark Lauenburgische Seen liegt im Süden Schleswig-Holsteins. Mit seinen 40 Gewässern bietet er einen einzigartigen, ursprünglichen Naturraum, geprägt von Wäldern, Seen, Fließgewässern und nahezu unberührten Gebieten, in denen man Stille und Abgeschiedenheit genießen kann.

Die dichten, naturnahen Wälder, die das Herzogtum Lauenburg zum waldreichsten Kreis im nördlichsten Bundesland machen, werden durch eine nachhaltige, schonende Waldwirtschaft möglichst in ihrem ökologisch wertvollen Bestand erhalten. In dem so entstandenen Mosaik aus verschiedenen Lebensräumen finden seltene Tier- und Pflanzenarten ihre Heimat, die es zu erhalten und zu schützen gilt.

Auch die wechselvolle Geschichte an der ehemaligen innerdeutschen Grenze hat besondere Rückzugsgebiete geschaffen. Es ist der älteste Naturpark in Schleswig-Holstein, der seit 1960 diesen Schatz an Vielfalt und Artenreichtum bewahrt. In dem 474 Quadratkilometer umfassenden Großschutzgebiet um den Ratzeburger See und den Schaalsee fördern nachhaltiges Wirtschaften und harmonisch integrierte Urlaubsangebote den Schutz der Landschaft und das Verständnis für die natürlichen Abläufe.

Im Reich der Seeadler

Der Seeadler, der hoch am blauen Himmel majestätisch durch die Lüfte gleitet, ist zum Wappentier für den Naturpark Lauenburgische Seen geworden. Mehrere Paare ziehen hier jedes Jahr erfolgreich ihre Jungen auf. Sie stehen sinnbildlich für eine ganze Reihe von faszinierenden Tier- und Pflanzenarten, die in der kleinteiligen Vielfalt an Lebensräumen heimisch sind. Sie alle genießen im Naturpark besonderen Schutz. In den sumpfigen Niederungen der Eschen- und Erlenwälder wachsen seltene Waldorchideen, gedeihen verschiedene Torfmoose, Wollgras, Sumpfporst und Rosmarinheide oder der insektenfressende Rundblättrige Sonnentau. Hier nisten die imposanten Kraniche, die man auch häufig auf Nahrungssuche in Wiesen und Feldern antrifft. Ein besonderes Schauspiel ist es, wenn alljährlich große Scharen der »Vögel des Glücks«, wie die Kraniche liebevoll genannt werden, auf ihrem Zug hier rasten. An den zahlreichen und unterschiedlichen Gewässern des Naturparks können Vogelarten wie Eisvogel und Haubentaucher, Schellente und Gänsesäger beobachtet werden. Über dem Röhricht fliegt eine Rohrweihe, hoch oben kreist ein Fischadler, und in der Dämmerung lauscht man den urigen Rufen der Rohrdommel.

Natur aktiv erleben

So vielfältig wie die Landschaft sind die Möglichkeiten, den Naturpark zu erkunden. Zu den schönsten Plätzen im Naturpark führt ein dichtes Netz an gut gekennzeichneten Wander- und Radwegen – rund 20 verschiedene gibt es. Beobachtungstürme und Aussichtspunkte ermöglichen Einblicke in sensible Bereiche, so etwa die Besucherplattform am Schwarzsee bei Mölln oder die Aussichtstürme in Mechow, Kittlitz, Dargow und am Salemer Moor.

Verschiedene Infotafeln erläutern den Parkbesuchenden vor Ort Details und Zusammenhänge. Informationen rund um Natur und Kultur gibt es auch digital über ein Handy-Guide-System. Dieses dient als Reiseführer auf verschiedenen Radthementouren oder beim Rasten und Beobachten auf einem der bequemen Waldsofas.

← Ach mein lieber Schwan: Warten auf den Frühling am Ratzeburger See.

INFO

HELLBACHTAL
Hier war die Eiszeit der Architekt: Das Hellbachtal ist ein vom Schmelzwasser ausgespültes Tunneltal, durch das der namensgebende Hellbach fließt.
www.herzogtum-lauenburg.de

IM RAUMWUNDER ÜBERNACHTEN
Seit 2020 ziehen zwei Green Tiny Houses auf dem Natur-Campingplatz Salemer See alle Blicke auf sich. Nun bekommen sie Gesellschaft von den Green Tiny Spaces. Diese nur fünf Quadratmeter großen nachhaltigen Übernachtungsmöglichkeiten sind die Ersten ihrer Art im Herzogtum Lauenburg.
www.camping-salem.de/green-tiny-house

WASSERSPORT
Wer sich gern auf dem Wasser fortbewegt, findet neben dem Wassersportparadies Ratzeburger See auch an einigen kleineren Seen zahlreiche Möglichkeiten, mit dem Kanu stille Gewässer in waldreicher Umgebung und den besonderen Zauber dieser Landschaften zu entdecken. www.ratzeburg.de

Weitere Informationen findet man unter www.naturpark-lauenburgische-seen.de

5

WASSER, WIND UND WEITE

DIE INSEL AMRUM

Wer Wildnis in Zusammenhang mit Mächten bringt, auf die wir so gut wie keinen Einfluss haben, deren Auswirkungen uns aber in höchstes Staunen versetzen, ist auf der nordfriesischen Insel Amrum genau richtig. Hier verschmelzen die Kräfte der Natur zu einer faszinierenden Einheit.

Amrums Ausstrahlung und Anmut sind untrennbar mit der Nordsee verbunden. Und kaum jemand kann sich der besonderen Faszination dieser Insel entziehen: Am Kniepsand angekommen – mit seinen 15 Kilometern Länge einer der größten und breitesten Strände Europas –, schweift der Blick in die Weite, eröffnet sich ein Panorama, das uns im Innersten berührt und demütig macht. Hier fühlt man sich wirklich frei, losgelöst von allen irdischen Sorgen und dem Himmel so nahe. Man atmet, riecht, schaut in die Ferne und spürt das Wetter rein und klar, völlig anders als in den Städten. Beim Rückblick auf unseren normalen Alltag kommt uns unsere alltägliche, geschäftige Umtriebigkeit wie das Gewusel von Ameisenherden vor, beinahe ein wenig bemitleidenswert. Natürlich verändert die Landschaft am Meer die Perspektive, lässt Abstand gewinnen im wahrsten Sinne des Wortes. Diese einzigartigen Naturerlebnisse am nordfriesischen Wattenmeer lassen niemanden unberührt – und müssen nicht immer mit dem Erreichen eines weiteren Urlaubsziels einhergehen und zum erfolgreichen Abhaken einer Bucketlist führen. Doch was heißt angesichts der gewaltigen Naturkulisse schon Erfolg? Muss es immer die höchste Welle sein? Zählt nur, wer ganz oben auf ihr gesurft ist? Muss es immer eine neue Rekordzeit sein, mit der man das Wasser »bezwungen« hat? Abgesehen davon, dass wir das Meer niemals bezwingen werden, sondern froh sein können, dass es uns und unser Treiben in der Regel wohlwollend hinnimmt, kommt es nicht auf immer neue Rekorde an, zumindest nicht für den, der die Natur liebt. Diese demütige Haltung der Entschleunigung lernt man sehr schnell auf Amrum.

Vom Fanggebiet zum Vogelparadies

Zwar ist Amrum auch nicht ganz frei von Geschäftigkeit – schließlich gilt es, die hier nach Erholung suchenden Gäste umfassend zu versorgen –, doch auf Amrum geschieht das etwas entspannter als anderswo. Eine Atmosphäre der Freiheit und Ursprünglichkeit liegt hier in der Luft, die sich nicht so schnell vertreiben lässt, auch nicht von den oft genug ziemlich starken Westwinden. Die machen normalerweise auch den Bäumen zu schaffen, die ständig von den Böen gebeugt werden, doch die erstaunliche Artenvielfalt des Waldgebietes auf Amrum verblüfft dennoch. Dieses liegt, geschützt von den Dünen an der Ostküste, überwiegend im mittleren Bereich der Insel. Von Norddorf aus führt ein kurzer Weg zur Amrumer Vogelkoje Meeram, die zwischen Wald, Süßwasserteichen, Dünen und der Nordsee eingebettet, einen besonderen Naturraum mit Geschichte bildet. Hier wird von den Anfängen

→ Die Dünen am Amrumer Leuchtturm bieten Zelten idealen Schutz vor Wind.

← Der Wriakhörnsee auf Amrum ist ein Süßwassersee direkt hinter den Dünen.
↙ Im Wald- und Feuchtgebiet der Vogelkoje können Besuchende der Amrumer Geschichte des Vogelfangs nachspüren.
↘ Viele traditionelle Reetdachhäuser auf Amrum findet man im Ort Nebel.

in der Steinzeit bis zum vergangenen Jahrhundert die Entwicklungsgeschichte der Insel anschaulich gezeigt. Auf einem Rundgang durch Wald- und Feuchtgebiete, auf Bohlenwegen um Süßwasserteiche und Dünenlandschaften erfährt man alles über die Besonderheiten der Naturvielfalt auf engstem Raum. Die Vogelkoje von 1866 erzählt darüber hinaus die Geschichte des Fangs der Seevögel, die den Bewohnern einst ihr Einkommen sicherte. Auf Amrum entstand sogar eine Konservenfabrik, in der die gefangenen Wildenten verarbeitet, verpackt und an die Kreuzfahrtschiffe und Hotels in Hamburg und Berlin verkauft wurden. Im Haus des Kojenmanns, der über den Fang wachte, ist heute ein Begrüßungscafé untergebracht. Und heute wacht der Verein Jordsand über das Natur- und Vogelschutzgebiet der Amrumer Odde an der Nordspitze der Insel. Die engagierten Vogelschützer bieten Interessierten den Sommer über täglich Führungen durch ein Gebiet an, das so faszinierend ist wie der Name eines seiner Dünentäler: Amrumer Sahara.

Dünen, Sand und See

Das gilt auch für einen Amrumer Strand, der einzigartig in Europa ist: Kniepsand. Vom norddeutschen Ausdruck »kniepig sein« im Sinne von »geizig« kann hier keine Rede sein, denn was hier an der West- und Südküste Amrums an Sand angelandet ist, verschlägt einem die Sprache. Weiß, beige und grau, feinkörnig, vom Wind verwirbelt und der Sonne gebleicht – Sandforscher und Burgenbauer finden am Kniepsand alles, was das Herz begehrt. In den 30er-Jahren des vergangenen Jahrhunderts war er noch gar nicht mit der Insel verbunden, gab es den Kniepsand-Hafen und eine tiefe Wasserrinne, in der die Schiffe der Austernfischer vor Anker lagen. Heute weist der Kniepsand eine stolze Länge von 15 Kilometern auf, an seiner breitesten Stelle dehnt er sich über anderthalb Kilometer aus. Ob sein Name vielleicht vom »Knieper«, den Scheren des Taschenkrebses, stammt, weiß man nicht so genau. Fest steht aber, dass der zehn Quadratkilometer große und an manchen Stellen fast zwei Meter hohe Sandstrand sich durch Wind und Brandung ständig wandelt. Er dient der Insel gleichzeitig als Schutzschild vor Sturmfluten und der wilden Brandung.

Auch die Dünenlandschaft ist imposant, bei Norddorf liegt mit der Düne »A Siatler« eine 32 Meter hohe Erhebung, von der aus man einen wunderbaren Ausblick über die Insel genießt. Und in den Dünen versteckt sich noch so manches Kleinod wie etwa der Dünensee Wriakhörn. Der kleine Süßwassersee, ursprünglich aus einem Moorgebiet entstanden, ist ein wahres Vogelparadies. Am Ufer brüten Enten, auf dem stellenweise anderthalb Meter tiefen See tummeln sich Wasservögel, und kurz dahinter rascheln Pappeln, Weiden, Birken und Kiefern in einem kleinen Wald im Wind. Amrum, eine Insel, die sich wilde Natur und den Wind der Freiheit bewahrt hat.

INFO

LEUCHTTURM

Auf Amrum gehört ein Besuch des Leuchtturms westlich von Wittdün zum Pflichtprogramm. Der knapp 42 Meter hohe Turm ist der höchste Leuchtturm der schleswig-holsteinischen Nordseeküste. Von der Aussichtsplattform hat man einen faszinierenden Rundblick.

WOSMAAREN

Amrum und seine 2300 Einwohner halten über 10 000 Gästebetten bereit. Von Hotels über Pensionen, Ferienhäuser und Privatzimmer bis zu zwei Campingplätzen ist alles vorhanden. Wer eine gemütliche, komfortable und familiäre Unterkunft sucht, ist in der Pension Wosmaaren in Norddorf bestens aufgehoben. Das Haus hat eine lange Tradition. Heute wird es von Josina K. Pütter in vierter Generation geführt. Die Großmutter Josinas, Marret Reysen, übernahm das Haus von ihren Eltern Leonore und Johannes Köster. Sie kamen in den 1930er-Jahren aus New York zurück nach Amrum. Ab 1939 bauten sie das Haus und nannten es »Pension zur Heimat«. Die ersten Gäste kamen dann ab 1948. Hier fühlt man sich tatsächlich sehr schnell wie zu Hause angekommen. www.wosmaaren.de

Weitere Informationen findet man unter www.amrum.de

Die Nordspitze Amrums heißt Odde, ein wunderbares Vogelschutzparadies.

6

ERHOLUNG ZWISCHEN DEN MEEREN

IM NATURPARK WESTENSEE

In Mittelholstein liegt mit dem Naturpark Westensee ein Gebiet, das den Namen aus dem sieben Quadratkilometer großen Westensee herleitet. Hier findet man eine ursprüngliche Naturlandschaft, geprägt von zahlreichen Seen, Hügeln, Wiesen und tiefen Wäldern. Magische Landschaften zum Durchatmen.

Mit den Slogans ist das oft so eine Sache, aber manchmal treffen sie wie die berühmte Faust aufs Auge. »Einfach knackig« hat sich der Naturpark Westensee auf seine Fahnen geschrieben, und das trifft tatsächlich zu. Im Norden liegt der Eiderringkanal mit idealen Wassersportmöglichkeiten wie Kajak- oder Kanufahren. Auch für Radler und Wanderer gibt es Rundtouren im Naturpark Westensee, die für jeden gut zu absolvieren sind. Ob man nun zu den geübten Wanderern zählt oder sich eher der Gruppe der gemütlichen Spaziergänger zurechnet, es gehört beinahe zum guten Ton, dass man als Gast im Naturpark Westensee den Tüteberg auf dem Rundweg Nummer 8 hinaufsteigt. Die knapp zwanzig Minuten Aufstieg sind nicht zu anstrengend, »knackig« dagegen ist der atemberaubende Ausblick über den See und den Naturpark, der bei guter Sicht und schönem Wetter bis nach Kiel reichen kann. Neben dem Tüteberg gibt es noch weitere Gebiete, die einen Besuch lohnen, darunter einige Natur- und Landschaftsschutzgebiete mit Wildnis-Charakter. Einen sehenswerten Aussichtspunkt kann man bequem auf einer Fahrrad- oder Wandertour erreichen, die Wrohe zum Ziel hat. Auch von hier aus hat man einen faszinierenden Ausblick auf den Westensee. Gleichzeitig ist dieser Aussichtspunkt ein idealer Rastplatz mit schönem alten Baumbestand.

Im geografischen Mittelpunkt

Im wahrsten Sinne des Wortes im Mittelpunkt steht man, wenn man Nortorf besucht. Schon am Eingang des charmanten Ortes werden die Gäste mit großen Tafeln darauf aufmerksam gemacht, dass die 2001 getätigte Aussage des Landesvermessungsamts in Kiel mehr als nur ein plakativer Spruch war: Nortorf liegt am geografischen Mittelpunkt von Schleswig-Holstein. Darüber hinaus liegt die Stadt im Mittelpunkt zweier reizvoller Landschaften und wird als Tor zu den Naturparks Westensee und Aukrug bezeichnet. In der rund 6500 Einwohnern zählenden Stadt geht es ruhig und gemütlich zu, Aufmerksamkeit verdient das kleine Nortorfer Museum gegenüber dem Rathaus. Nortorf galt einst als Stadt der Schallplatte, 1948 begann hier die Berliner Firma Telefunken mit dem Pressen der Tonträger. Im Laufe der Jahre entstand hier eines der leistungsfähigsten Presswerke der Welt mit bis zu 1200 Mitarbeitern. Bis zur Einstellung der Produktion Ende der 1980er-Jahre wurden in Nortorf etwa 850 Millionen Schallplatten gepresst. Ein Hauptteil des Museums widmet sich den Tonträgern. Mit den dazugehörigen Abspielgeräten können die Besucher in längst vergangene Klangwelten eintauchen.

INFO

BADESPASS
Am Westensee und Vollstedter See, am Borgdorfer See und am Emkendorfer Dörpsee findet man romantische Badestellen. Und da wären dann noch der Tierpark Arche Warder oder das Herrenhaus Emkendorf, die einen Besuch im Naturpark Westensee so abwechslungsreich und »knackig« machen.

FREILICHTMUSEUM
Schleswig-Holsteins größtes Freilichtmuseum in Molfsee zeigt auf einer Fläche von 40 Hektar, wie sich das Leben der Menschen früher ohne Luxus und technische Hilfsmittel gestaltet hat. Rund 60 Gebäude aus dem 16. bis ins 20. Jahrhundert, die verschiedenen Regionen Schleswig-Holsteins entstammen, alle eingerichtet mit Möbeln und Arbeitsgeräten der damaligen Zeit, sind Zeugen der Geschichte.
www.freilichtmuseum-sh.de

Weitere Informationen findet man unter
www.tourismus-naturpark-westensee.de

← In Schleswig-Holsteins größtem Freilichtmuseum Molfsee werden traditionelle Baustile, Bauernhöfe und Mühlen präsentiert.
↑ In den Wäldern am Westensee wird der Begriff Wildnis lebendig.

Im Naturpark Westensee bilden Weizenfelder in Verbindung mit den Winden ein wildes Wogenmeer.

7

VON HÜGELN UND MOOREN

DURCH DIE HÜTTENER BERGE

Im Kreis Rendsburg-Eckernförde liegt mit dem Naturpark Hüttener Berge der kleinste von hier insgesamt vier Naturparks. Im Nordwesten grenzt er an den Kreis Schleswig-Flensburg, im Süden verläuft der Nord-Ostsee-Kanal. Ein kleiner, aber sehr ursprünglicher Naturraum.

Der 22 000 Hektar umfassende Naturpark Hüttener Berge geht auf das Jahr 1970 zurück, die größte Ost-West-Ausdehnung beträgt gerade einmal 23 und die größte Nord-Süd-Ausdehnung 16 Kilometer. Der Naturpark ist also durchaus überschaubar und in einem Tag gut zu durchwandern. Eingebettet in das Städtedreieck Schleswig im Norden, Eckernförde im Nordosten und Rendsburg im Südwesten, liegt die Landeshauptstadt Kiel auch nur rund 20 Kilometer entfernt. Die Nähe zu diesen Städten lässt zunächst vermuten, dass der Naturpark Hüttener Berge gerade in den Sommermonaten als beliebtes Ausflugsziel der Stadtbewohner dient, die Ruhe und Entspannung in der Natur suchen, und somit der Naturpark gelegentlich ziemlich stark frequentiert wird. Durch die Nachbarnaturparks aber – im Norden der Naturpark Schlei und im Süden der Naturpark Westensee – verteilen sich die Besucherströme so gut, dass hier keine Menschenmassen zu erwarten sind.

Der Naturpark Hüttener Berge liegt vollständig im Kreis Rendsburg-Eckernförde, dazu zählen insgesamt 21 Gemeinden, die ganz oder teilweise zum Naturparkgebiet gehören. Rund 20 000 Einwohner leben im Gebiet des Naturparks, die größte Gemeinde ist Owschlag mit rund 3700 Bewohnern, gefolgt von Alt Duvenstedt mit knapp 1900 und Fleckeby mit 1850 Einwohnern. Die drei kleinsten Gemeinden Neu Duvenstedt, Klein Wittensee und Hütten weisen weniger als 200 Einwohner auf. Das verdeutlicht die ländlich geprägte Struktur im Nationalpark, in dem das Leben noch einen beschaulichen Verlauf nimmt.

Sanftes Hügelland

Was macht den Naturpark Hüttener Berge aber so einzigartig, denn Konkurrenz hat er ja genügend? Wie an zahlreichen Orten in Schleswig-Holstein ist auch hier die Eiszeit dafür verantwortlich, dass besondere Landschaftsbilder entstanden sind. Diese hat dem Gebiet das abwechslungsreiche Relief der Hüttener und Duvenstedter Berge hinterlassen, darüber hinaus Seen und Feuchtgebiete sowie die zahlreichen großen und kleineren Gesteinsbrocken, die sich auf den Wiesen und Feldern verteilen. Die weitläufige Hügellandschaft entstand, genauso wie die sich im Westen daran anschließende flache Landschaft der Geest mit ihren ausgedehnten Mooren, Binnendünen, Heide- und Waldgebieten, in der letzten Eiszeit, dem sogenannten Weichselglazial, das vor 115 000 Jahren begann und vor 11 600 Jahren endete. Noch heute spürt man hier den archaischen, wilden Charakter der Landschaft.

← Im Naturpark Hüttener Berge trifft man oft keine Menschenseele, nur die grasenden Kühe erheben das Haupt zur Begrüßung.
↓ In den einsamen Wäldern begegnet man unverhofft dem scheuen Rotwild.

INFO

KNICKLANDSCHAFT
Im Naturpark existiert eine Landschaftsform, bei der Felder und Wege von Wallhecken, den sogenannten Knicks, eingegrenzt werden. Diese für Schleswig-Holstein typischen Landschaftselemente sind Rückzugsraum für eine vielfältige Tier- und Pflanzenwelt. Die Auswahl der Routen, die durch diese besondere Landschaft führen, ist groß: 20 Wanderrouten und sechs Radrouten sind als Rundwege konzipiert.

KOLONISTENHOF
Einen interessanten Naturerlebnisraum gibt es in den Duvenstedter Bergen: den Kolonistenhof mit einer interaktiven Ausstellung zu den Themen Natur und Kolonisation. Die Kolonie Neu Duvenstedt gehörte mit ihren 15 Höfen zu den letzten der insgesamt über 570 neuen Höfe, die im Zuge der Besiedelung der Schleswigschen Geest im 18. Jahrhundert entstand.
www.kolonistenhof.de

Weitere Informationen findet man unter
www.naturpark-huettenerberge.de

8

WATT, WIND UND WEITE

NATIONALPARK WATTENMEER

Der Nationalpark Schleswig-Holsteinisches Wattenmeer ist ein ganz besonderer Lebensraum. Er ist der nördlichste Nationalpark Deutschlands und gleichzeitig der größte in Mitteleuropa. Er ist geprägt von Ebbe und Flut, die hier an der Küste einzigartige Biotope erschaffen.

Mit blinzelnden Augen steht man am frühen Morgen am Rande des Watts und ist einfach überwältigt. Das Sonnenlicht wird vom Wasser reflektiert, der Wind treibt zarte Wellen Richtung Horizont, wo Himmel und Erde kaum mehr zu unterscheiden sind. Alles fließt ineinander zu einer beinahe unwirklich erscheinenden Einheit. Eine Märchenlandschaft, eine Wildnis mitten in Mitteleuropa, kann das sein? Das Wattenmeer ist ein Lebensraum, der in seinem wilden, nahezu unberührten und ursprünglichen Zustand weitgehend erhalten ist. Außerdem ist das Wattenmeer das vogelreichste Gebiet Europas und Deutschlands bedeutendster Naturraum, geschützt durch drei Nationalparks: den Nationalpark Schleswig-Holsteinisches, Niedersächsisches und Hamburgisches Wattenmeer. Alle drei Bundesländer haben ihre Wattenmeeranteile zudem als Biosphärenreservate ausgewiesen. Und bereits im Jahr 2009 hat die UNESCO das Wattenmeer als Weltnaturerbe ausgezeichnet. Als ein »Ort, wo sich Himmel und Erde eine Bühne teilen«, wird das Wattenmeer auf der offiziellen Webseite des UNESCO-Welterbes beschrieben. Und tatsächlich ist diese Landschaft vor den Deichen und Stränden ein faszinierendes Kleinod der Natur. Als Weltnaturerbestätte steht das Wattenmeer in einer Reihe mit so einzigartigen Naturlandschaften wie dem Serengeti-Nationalpark im ostafrikanischen Tansania oder den zu Ecuador gehörenden Galapagosinseln. In Deutschland genießt es den höchstmöglichen Schutzstatus. Schleswig-Holstein war der Vorreiter: Als bundesweit erstes Gebiet wurde das Wattenmeer im nördlichsten Bundesland zum Nationalpark erklärt. Das Geburtsdatum war der 1. Oktober 1985: An diesem Tag trat das Nationalparkgesetz in Kraft, und der Nationalpark Schleswig-Holsteinisches Wattenmeer wurde Realität. Mit einem Nationalparkrangerteam hat der Nationalpark ein Gesicht bekommen, ein Besucherinformationssystem wurde aufgebaut sowie Unternehmen und Institutionen aus Tourismus und Naturschutz als Nationalparkpartner gewonnen. Aber auch weit über die Region und das Land hinaus hat der Nationalpark Schleswig-Holsteinisches Wattenmeer Zeichen gesetzt, um bedeutende Naturschutzthemen zu bewegen: bei internationalen Regierungskonferenzen zum Schutz des Wattenmeeres, durch das Insistieren auf Verbote der Entsorgung von Dünnsäure und Klärschlamm in die Nordsee und durch das Drängen auf Anerkennung aller Anrainer zu ihrer Verantwortung für den Schutz von Meeren und Küsten.

Geformt von Wind und Wellen

Das Schutzgebiet vor der Festlandsküste des nördlichsten Bundeslandes umfasst heute Sand-, Misch- und Schlickwatt, Sandstrände und Salzwiesen. Erdgeschichtlich betrachtet,

→ Der Leuchtturm Westerheversand ist das Wahrzeichen der Halbinsel Eiderstedt.

← Auf den nordfriesischen Inseln gehört Barfußwandern im Watt zu den entspannenden Aktivitäten in der Natur, die man nicht auslassen sollte.
↙ Dabei sollte man unbedingt auf gebührenden Abstand zu den Kegelrobben und Seehunden achten.
↘ Durch die Salzwiesen im UNESCO-Weltnaturerbe Wattenmeer führen leicht befahrbare Radwege.

handelt es sich um einen sehr jungen Naturraum, rund 10 000 Jahre alt und über die Jahrtausende stetig neu geformt von Ebbe und Flut, Wind und Wellen. Er bietet einer Vielzahl von Tieren und Pflanzen eine Heimat, geschätzten 10 000 Arten, von denen viele nur hier leben können. Dazu kommen Millionen von Zugvögeln, die im Frühjahr und Herbst auf dem Weg zwischen Überwinterungs- und Brutgebieten in den Weiten des Wattenmeeres rasten.

Modellregion Biosphäre

Im Jahre 1990 wurde der Nationalpark Schleswig-Holsteinisches Wattenmeer zudem in das Biosphärenprogramm »Man and Biosphere« – der Mensch und die Biosphäre (MAB) – der UNESCO aufgenommen. Das Ziel dieser Initiative ist es, in Modellregionen eine nachhaltige Entwicklung in ökologischer, ökonomischer und sozialer Hinsicht beispielhaft zu verwirklichen. Seit 2004 gehören die nordfriesischen Halligen Gröde, Hooge, Langeneß, Nordstrandischmoor und Oland, die nicht Bestandteil des Nationalparks sind, als Entwicklungszone dazu. Das gesamte Biosphärengebiet Nationalpark Schleswig-Holsteinisches Wattenmeer und Halligen umfasst seitdem 4431 Quadratkilometer.

Winterliches Leben im Wattenmeer

Selbst wenn der Winter naht und viele Zugvögel längst gen Süden gezogen sind, gibt es vielfältiges Leben im Wattenmeer. Denn der Nationalpark ist auch in der kalten Jahreszeit nicht etwa vogelleer. Schneeammern zum Beispiel sind regelmäßige gefiederte Wintergäste in der Nationalparkregion. Sie gehören zu den nördlichsten Brutvögeln der Welt, mit frostigen Temperaturen im Wattenmeer kommen sie daher gut zurecht, und die samenreichen Salzwiesen bieten ihnen eine gute Nahrungsgrundlage. Auch Pfeifenten halten sich dann an der Küste auf. So lange zumindest, bis mildere Temperaturen Einzug halten und genug pflanzliche Nahrung verfügbar ist, sind die kleinen Enten oft bis in den Winter hinein hierzulande heimisch. Gibt es allerdings mehrere Tage lang Schnee, weichen sie, ebenso wie die Nonnengänse, entlang der Nordseeküste Richtung Süden aus.

Und dann gibt es eine Tierart im Nationalpark Wattenmeer, für die der Winter die vielleicht wichtigste Zeit in ihrem Jahreszyklus ist: die Kegelrobben. Denn bei den größeren Verwandten der Seehunde – übrigens die größten in Deutschland lebenden Raubtiere – wird der Nachwuchs in der Zeit von November bis Anfang Januar geboren. Noch gibt es aus der kleinen, vor Sylt und Amrum ansässigen Kegelrobbenkolonie im Nationalpark selbst keine Nachwuchsneuigkeiten, wohl aber aus der Deutschen Bucht von der Hochseeinsel Helgoland: Hier geht die erste erfasste Kegelrobbengeburt bereits auf den Winter 1996/97 zurück.

INFO

WET FIVE STATT BIG FIVE

Das Multimar Wattforum in Tönning ist das größte Besucherzentrum für den Nationalpark und das Weltnaturerbe Wattenmeer in Schleswig-Holstein – ein touristischer Leuchtturm der Westküste, denn es ist äußerst informativ und sehenswert. Die Dauerausstellung zeigt anschaulich den Lebensraum zwischen Salzwiesen, Wattboden und Nordsee. Höhepunkte sind das große Pottwal-Skelett, das Großaquarium und 36 weitere Aquarien mit insgesamt über 280 Unterwasserarten. Hinzu kommen regelmäßig auch Themenausstellungen, die sich etwa mit den »Wet Five« beschäftigen. Klingt vertraut? Allerdings handelt es sich nicht um Elefant, Nashorn, Büffel, Leopard und Löwe, sondern um die fünf faszinierenden Vertreter der Unterwassertierwelt im Nationalpark: Gemeiner Seestern, Ohrenqualle, Scholle, Ruderfußkrebs und Seeanemone.
www.multimar-wattforum.de

SEEHUNDE

Im Süden des Nationalparks liegt die Seehundstation Friedrichskoog. Hier kann man Seehunde und Kegelrobben hautnah im verglasten Unterwasserbereich beobachten.
www.seehundstation-friedrichskoog.de

Weitere Informationen findet man unter www.nationalpark-wattenmeer.de/sh

Das Brutgebiet der Pfeifenten reicht im Norden bis nach Island.

9

IDYLLE AN DER OSTSEE

NATURPARK INSEL USEDOM

Der Naturpark Insel Usedom umfasst die zweitgrößte Ostseeinsel, das Achterwassser, den Peenestrom mit einem kleinen Streifen Festland westlich davon sowie den Nordteil des Kleinen Stettiner Haffs. Seit 2000 besteht auch eine Kooperation mit dem Nationalpark Wollin auf der polnischen Nachbarinsel.

Die Insel Usedom ist ein Naturparadies von besonderer Güte. Ihre große landschaftliche Vielfalt auf kleinstem Raum, die artenreiche Flora und Fauna sind faszinierend. Hier wirken sogar Gegensätze harmonisch, bilden der helle feine Sandstrand, der sich von der Nordspitze der Insel bis ins polnische Swinemünde zieht, und die Küstenwälder mit ihren mächtigen Buchen und lichten Kiefern eine Einheit. Zum Festland hin öffnet sich die Weite des Usedomer Achterlandes. Hier erheben sich hügelige Endmoränenzüge, ragen Halbinseln mit imposanten Steilufern ins Achterwasser und erstrecken sich Moor- und Salzwiesenlandschaften bis an den Peenestrom. Schilfgesäumte Seen und verträumte Dörfer mit rohrgedeckten Häuschen und blühenden Bauerngärten runden die ländliche Idylle ab. Im Achterland, dem weiten Land hinter der Ostsee, zeigt sich die Insel Usedom äußerst ursprünglich. Besonders Ruhe- und Natursuchende schätzen die Stille und Abgeschiedenheit im Usedomer Hinterland.

Weites Seen-Panorama

Die hügelige Endmoränenlandschaft in der Usedomer Schweiz stammt noch von den Gletschern der letzten Eiszeit. Der Golm, die höchste Erhebung der Insel, kommt immerhin auf 69 Meter, gefolgt vom Streckelsberg in Koserow und dem Langenberg in Bansin. Auch auf den Halbinseln Gnitz und Loddiner Höft kann man einige Höhenmeter erklimmen und vom Steilufer einen grandiosen Blick auf das Achterwasser werfen. Von den Aussichtstürmen Sieben-Seen-Blick in Neu-Sallenthin oder auf dem Kuckelsberg öffnet sich ein herrlicher Blick über die Seenlandschaft, über das Niedermoorgebiet Thurbruch bis zum Stettiner Haff. Das Thurbruch, ein von Gräben durchzogenes ehemaliges Sumpfgebiet, wurde bereits im 18. Jahrhundert im großen Stil trockengelegt und in Weideland umgewandelt. Sein Name leitet sich von Thur, der slawischen Bezeichnung für Auerochse, ab und legt nahe, dass die wild lebenden Urrinder dort einst heimisch waren. Besonders beschaulich ist der Lieper Winkel, der wie eine Halbinsel im Achterwasser und im Peenestrom liegt. Reetgedeckte Fischerkaten, Backsteinscheunen, Alleen und weidende Schafe, Rinder und Pferde prägen hier das durchaus romantische Bild. An den Ufern finden sich kleine Häfen und versteckte Badestellen im Schilfgürtel. Usedom ist mit einem Waldanteil von 25 Prozent eine sehr waldreiche Insel. Das Waldkabinett beim Forstamt Neu-Pudagla vermittelt Wissenswertes über Pilze, die Bewohner des Waldbodens und der Bäume, sowie über das Phänomen der Holzmaserung.

INFO

REICHE VOGELWELT

Die Insel ist eine der vogelreichsten Gegenden ganz Norddeutschlands. Ornithologen haben über 280 Arten beobachtet, von denen 150 auch auf der Insel brüten. Beim Vogelzug im Frühling und Herbst machen zehntausende Gänse, Wildenten, Schnepfenvögel und Kraniche hier Rast. Elf Greifvogelarten sind im Naturpark heimisch, darunter der Seeadler, auch Weißstorch, Graureiher, Kormoran, Rotschenkel und Austernfischer fühlen sich hier wohl.

FLUSSABENTEUER

Ein Geheimtipp vor den Toren von Usedom ist das Peenetal. Die wilde, fast unberührte Flusslandschaft empfiehlt sich für einen Tagesausflug. Auf Erlebnistouren ist das Flusstal per Solarkatamaran, Kanu, zu Fuß, per Rad oder auch im Hausboot zu entdecken. www.abenteuer-flusslandschaft.de

Weitere Informationen findet man unter www.naturpark-insel-usedom.de

← Im Lieper Winkel am Achterwasser ist man am Abend mit sich und der Natur allein.
↑ Der Uhu bewacht den Naturpark auf der zweitgrößten Ostseeinsel Usedom.

10

DAS ERBE DER EISZEIT

IM STERNBERGER SEENLAND

Der Naturpark Sternberger Seenland mit seinen tief eingeschnittenen Durchbruchstälern an der Warnow und zahlreichen Seen ist ein kleines Naturparadies. Malerische Hügel, ausgedehnte Wälder sowie historische Sehenswürdigkeiten wie die Großsteingräber laden zum Wandern und Radfahren ein.

Die Landschaften des Naturparks gehen auf die Eiszeit vor rund 17 000 Jahren zurück. Das sich aus dem Norden ausbreitende Eis bildete hier zwei Endmoränen mit dazwischen liegenden Sander- und Grundmoränenflächen. Aus den Eisblöcken und den Schmelzwasserrinnen entstanden im Lauf der Jahrhunderte viele Seen und Gewässer, die heute noch im weit verzweigten Flusssystem der Warnow sichtbar sind. Typisch für den 540 Quadratkilometer großen Naturpark Sternberger Seenland, der erst 2005 gegründet wurde, also noch recht jung ist, sind die größte Zahl an noch aktiven Fischerfamilien in Deutschland und die hohe Wahrscheinlichkeit, auf Adler, Biber oder Kranich zu treffen. Für Wandernde auf den Spuren der Geschichte sind die Großsteingräber bei Mankmoos und Klein Görnow von besonderem Interesse. Auch die Grabhügel aus der Bronzezeit bei Lenzen und Boitin sind stumme Zeugen der Vorzeit. Darüber hinaus gibt es eine Vielzahl an Burgwällen der Slawen, die vor rund 1400 Jahren in das Gebiet einwanderten.

Paddeln im Seenland

Die abwechslungsreiche Landschaft im Naturpark macht auch eine Paddeltour zu einem hübschen Erlebnis. Der Campingplatz Sternberger Seenland liegt direkt am Luckower See und ist ein guter Ausgangspunkt für Kanutouren auf der Warnow. Eine klassische Tour dauert rund vier Stunden und führt von Weitendorf nach Eickhof. Sie bietet eindrucksvolle Landschaftsbilder mit rund 30 Meter hohen Hängen, die einem vom Boot aus wie Mittelgebirge vorkommen. Auf der Strecke befinden sich beschauliche Rastplätze, wenn die Kondition einmal nachlässt. Ein angenehmer Service des Kanuverleihers ist das »Grillen am Fluss«. Dazu kommt ein Team zum jeweiligen Rastplatz und stellt den Gästen die dafür nötige Ausrüstung bereit oder grillt gar für die Wassersportler. Auch diejenigen, die nicht allein paddeln möchten, sind am Campinggelände Sternberger Seenland genau richtig. Zwei ausgebildete Flussranger gehen mit Gästen auf Tour und erläutern nicht nur die richtige Paddeltechnik, sondern auch die Flora und Fauna im Naturpark. Wer Erfahrung gesammelt und Gefallen am Paddeln gefunden hat, kann bei der nächsten Tour dann an der Einsatzstelle in Schönlage sein Boot einsetzen. Nach rund einer Stunde auf der Warnow lädt das idyllische Gutshaus Alt-Necheln zum Besuch ein. Im Ort befindet sich zudem ein Bibermuseum. Und auch in Eickhof muss die Tour nicht enden, denn der Fluss schlängelt sich weiter bis nach Warnemünde durch das wundervolle Sternberger Seenland.

← Der Sternberger See ist ein Paradies für Wassersportbegeisterte.
↓ Das Warnowtal lässt sich mit seinen sanften Hügeln besonders gut erradeln.

INFO

NATURPARK APP

Eine digitale Broschüre, die Sehenswürdigkeiten beschreibt und Hintergrundinformationen liefert, gehört heute auch für National- und Naturparks zum guten Ton. Das gilt auch für den Naturpark Sternberger Seenland, die kostenlose App erleichtert die individuelle Aufenthaltsplanung. Die App bietet Infos zu Aufgaben und Zielen des Naturparks, ermöglicht virtuelle Besuche der Naturparkstädte Sternberg, Neukloster, Warin und Brüel, berichtet über die Geschichte der Region, zeigt Sehenswertes und Besonderheiten und präsentiert Wander- und Radwege. Zudem werden 360-Grad-Panoramen von Kirchen, Ausstellungen und Aussichtspunkten angeboten.
www.mecklenburg-schwerin.de

Weitere Informationen findet man unter
www.np-sternberger-seenland.de

Das Elbsandsteingebirge der Sächsischen Schweiz mit den imposanten Felsformationen bietet trotz seiner Bekanntheit genügend wilde und einsame Ecken.

DER OSTEN

Wälder, Wasser und Himmelswege: Im Osten Deutschlands gibt es zahlreiche Naturräume von einzigartiger Vielfalt und faszinierende Zeugnisse aus prähistorischer Zeit.

11

TRADITION UND NACHHALTIGKEIT

IM NATURRAUM SPREEWALD

Wer an den Spreewald denkt, dem kommen sofort Wasser und Gurken in den Sinn. Hier gibt es eine lagunenartige Flusslandschaft mit 1000 Kilometern an Wasserwegen, die in Europa einzigartig ist – eine Region mit Tradition, in der man Ursprünglichkeit entdecken kann mit Rad, Kanu oder Spreewaldkahn.

Dreht sich hier alles um Gurken? Keineswegs, denn wer den Spreewald besucht, findet weit mehr als die grünen, gebogenen Spezialitäten. Kein Wunder, denn hier gibt es eine lagunenartige Fluss-, Wiesen- und Waldlandschaft mit einem Netz aus fast 280 Kilometern an befahrbaren Fließen, das in Europa einzigartig ist und unter dem Schutz der UNESCO steht.

Urwald für Paddler und Kanuten

Wer sich auf Paddeltour ins UNESCO-Biosphärenreservat Spreewald begibt, erlebt eine faszinierende Wasserwelt mit vorbeiziehenden idyllischen Häusern, handbetriebenen Schleusen und romantischen Brücken. Auf dem eiszeitlichen Wassernetz des Spreewalds begegnet man sanften Uferböschungen, weiten Auenlandschaften, dichten Wäldern und einem ausgedehnten Netz aus Wasserwegen, die darauf warten, entdeckt zu werden. So manches Gartencafé am Wasser lädt zu Kaffee und Hefeplinsen oder zu anderen Spreewälder Spezialitäten ein.

Der Legende nach hat sich hier, rund 70 Kilometer südlich von Berlin, einst ein riesiger Ochse so sehr erschrocken, dass er wild umherrannte und mit dem Karren jede Menge Gräben in den Boden pflügte … und so der Spreewald mit seinen unzähligen kleinen und großen Wasserarmen entstand. Seit Jahrzehnten steht diese besondere Landschaft unter Schutz. Und sie ist ein ideales Terrain zum Kanufahren. Start einer attraktiven Tour ist zum Beispiel Lübbenau mit seiner charmanten Altstadt und dem quirligen Hafenviertel für Kahnfahrten in den Spreewald. Den ältesten Teil der Altstadt bildet der Schlossbezirk mit Schloss Lübbenau und dem im englischen Landschaftsstil angelegten Schlosspark.

Schnell ist man im dschungelartigen Grün, und der Ort liegt weit hinter einem. Gemächlich geht es an den Wiesen und kleinen Häuschen mit reetgedeckten Dächern vorbei. Am Ufer sprießen Farne. Die Sonne funkelt durch das dichte Blätterwerk der Bäume am Rande des Wassers. Entstanden sind die Wasserarme tatsächlich nach der Eiszeit, als die Gletscher schmolzen und so Gräben hinterließen. Heute können das Anfänger und Fortgeschrittene bei nur sehr geringer Strömung für sich nutzen. Die Auswahl an Touren und Strecken ist groß. Man kann zum Beispiel mehrere Tage rund um Cottbus, Lübben, Lübbenau, Burg und Schlepzig fahren. Bei einer organisierten Tour wird auch das Gepäck transportiert. Und entlang der Fließe und Kanäle gibt es stets Neues zu entdecken.

← Kähne im Hafen von Lübbenau: Die Stadt gilt als das Tor zum Spreewald.
↓ In den weit verzweigten Kanalsystemen des Spreewaldes gibt es so manche dunkle Gewässer.

INFO

MUSEEN IM SPREEWALD

Neben der schönen Altstadt lohnt in Lübbenau der Besuch des Spreewald-Museums mit seiner historischen Spreewald-Bahn. Vor Lübbenaus Haustür befindet sich der kleine Ort Lehde inmitten der typischen Spreewaldlandschaft aus Wiesen, Feldern und Wäldern, der ein sehenswertes Freilandmuseum hat.
www.luebbenau-spreewald.com

SCHWANENGESANG

Die nordischen Singschwäne sind in Brandenburg typische Wintergäste. In der Naturlandschaft Wanninchen kann man sie beobachten. Das Heinz-Sielmann-Natur-Erlebniszentrum Wanninchen am Rande des Spreewalds bietet mit den Programmen »Singende Schwäne« und »Expedition ins Reich der singenden Schwäne« spannende Schwanen-Safaris an.
www.sielmann-stiftung.de/wanninchen

Weitere Informationen findet man unter
www.spreewald.de

12

WANDERN BEI WEHLEN

AUF DEM MALERWEG

Wandern in der Sächsischen Schweiz im 380 Quadratkilometer großen deutschen Teil des Elbsandsteingebirges ist ein besonderes Erlebnis zu jeder Jahreszeit. Trotz ihrer Bekanntheit gibt es hier immer noch einsame, wilde Ecken und Wege, auf denen man im Frühling und Herbst keinem Menschen begegnet.

Die Sächsische Schweiz gehört sicher zu den touristischen Hotspots, aber es gibt immer noch unbekanntere, wilde Ecken im Elbsandsteingebirge, die eine Wanderung zum Erlebnis machen. Wer den hübschen Ort Bad Schandau zum Beispiel noch nicht kennt, sollte sich auf den Weg machen. Denn hier kann man zu jeder Jahreszeit eine Naturlandschaft entdecken, die für aktive Erholung sorgt – gesundheitsfördernde Bäder in der Toskana Therme und wunderbare Wanderwege inbegriffen. Das Elbsandsteingebirge ist ein länderübergreifendes Gebiet, bestehend aus Sächsischer und Böhmischer Schweiz, und zugleich eine der spektakulärsten Naturlandschaften Europas. Im äußersten Südosten Sachsens sowie im Norden Tschechiens gelegen, ist es über Dresden gut zu erreichen. Die Landschaft besitzt einen besonderen Formenreichtum, der mit Tafelbergen, Hochflächen, Felsenriffen, Felsnadeln, Wäldern und Schluchten sowie dem Elbtal bezaubert. Ein Großteil der insgesamt 710 Quadratkilometer großen Region mit seiner reichen Flora und Fauna ist beiderseits der Grenze als Nationalpark geschützt. Im Süden schließt sich das vom Vulkanismus geprägte Böhmische Mittelgebirge mit markanten, kegelförmigen Bergen an.

Maler-Inspirationen

Eine traumhafte Wanderroute ist der »Malerweg«, eine 120 Kilometer lange historische Strecke vorbei an Aussichtspunkten, wilden Schluchten und Felsformationen, die schon die Maler der Romantik faszinierten. In Stadt Wehlen sollte man sich das Robert-Sterl-Haus ansehen, Wohnhaus und Atelier des bedeutenden Landschafts- und Portraitmalers. Hier öffnet auch die Landschaftsmalerin Anne Kern an verschiedenen Terminen im Jahr ihr Wohnatelier. Ihre Bilder der Felsenlandschaften sind von archaischer Kraft und wundervoller ästhetischer Farbgestaltung.

Der Nationalpark Sächsische Schweiz ist der einzige Felsennationalpark Deutschlands. Er besteht aus zwei Teilen und umfasst insgesamt 94 Quadratkilometer Fläche. Es sind jene Gebiete auf der östlichen Elbseite, die in ihrer Geschichte kaum besiedelt oder verkehrsmäßig erschlossen wurden und sich so bis heute alle Merkmale einer Naturlandschaft bewahrt haben. Frei entfalten kann sich die Natur auf der Hälfte der Fläche des Nationalparks. Diese Gebiete finden sich vor allem in den besonders geschützten Kernzonen. Ein nostalgisches Erlebnis ist eine Fahrt mit der Kirnitzschtalbahn, der einzigen Straßenbahn der Welt, die in einen Nationalpark einfährt.

INFO

GENUSSWANDERN
Wer sich mit Kristin Arnold auf eine Wanderung begibt, kann etwas erleben. Sie bietet geführte kulinarische Touren in der Sächsischen Schweiz an, die sich »BrotZeitTour« nennen. Auf diesen Routen kommen Genusswandernde ganz auf ihre Kosten, denn neben den landschaftlichen Highlights gibt es regionale Köstlichkeiten in den Picknickpausen.
www.brotzeittour.de

MÜHLENZEIT
Bereits im Jahre 1665 wurde mit der Schmilkaer Mühle der Grundstein für den Ort an der Elbe gelegt. Schmilka ist heute ein Nationalpark-Refugium mit Bio-Hotel, Bio-Bäckerei, Bio-Brauerei und Badehaus.

Weitere Informationen findet man unter
www.nationalpark-saechsische-schweiz.de

← Im Robert-Sterl-Haus in Wehlen wird die Erinnerung an den Landschafts- und Portraitmaler in seinem Atelier lebendig erhalten.
↑ In den Wäldern um Bad Schandau helfen Treppen beim Erklimmen des Elbsandsteingebirges.

13

STERNENSUCHE IN SACHSEN-ANHALT

AUF HIMMELSWEGEN NACH NEBRA

Auch wenn wir heute tiefer ins Weltall schauen können als jemals zuvor: Erfunden haben wir die Sternenkunde nicht. Bereits vor Jahrtausenden haben sich unsere Vorfahren in Sachsen-Anhalt mit den Himmelskörpern beschäftigt. Die Route der Himmelswege folgt den astronomischen Schauplätzen.

Wildnis spielt sich nicht nur auf der Erde ab, ein Blick in den Sternenhimmel in klarer Nacht offenbart die ganze wilde Schönheit am Firmament. In Sachsen-Anhalt kann man an zahlreichen Plätzen einer Leidenschaft folgen, die sowohl mit dem Himmel über uns als auch mit ganz irdischen Dingen zu tun hat: Sternenhimmel beobachten und beeindruckende Ausgrabungsstätten besuchen, die zu einer spannenden Zeitreise in die prähistorische Vergangenheit Mitteleuropas führen – und erstaunt dabei feststellen, dass bereits unsere Vorfahren außergewöhnliche »Sternengucker« waren. Denn nicht nur im berühmten Stonehenge, sondern auch in der Region Saale-Unstrut und an weiteren Plätzen in Sachsen-Anhalt sind die Spuren frühzeitlicher Himmelsbeobachtungen bis heute sichtbar. In der vom Hochmittelalter geprägten Wein- und Kulturlandschaft Saale-Unstrut entdeckten Archäologen in den vergangenen drei Jahrzehnten einzigartige Stätten. All diese Fundorte sind Teil des Netzwerks »Himmelswege«, das fünf archäologisch herausragende Orte miteinander verbindet – eine Themenroute, die man in einer Woche abfahren kann und dabei Entschleunigung abseits der touristischen Rennstrecken lernt: Entlang der Strecke lohnt sich der Blick nach oben zum Himmel am Abend genauso wie der Blick tagsüber nach unten zur Erde. Beeindruckende Erscheinungen einer vergangenen Zeit tauchen auf und am Firmament ein faszinierendes Schauspiel mit Sternen, Kometen und Galaxien, in der unsere Zukunft liegen könnte.

← Der Menhir der Dolmengöttin von Langeneichstädt wurde um 3500 vor Christus errichtet, neben der Göttin ist auch ein Axtmotiv zu erkennen.

Sonnenobservatorium und Himmelsscheibe

Nur rund 35 Kilometer vom Fundort der weltberühmten Himmelsscheibe von Nebra (siehe unten) entfernt, befindet sich einer der frühesten archäologischen Belege für systematische Himmelsbeobachtungen: das Sonnenobservatorium Goseck. Und man glaubt es kaum – diese vor 7000 Jahren entstandene Kreisgrabenanlage ist rund 2000 Jahre älter als der Steinkreis von Stonehenge. Im Jahre 1991 wurde sie bei einem Erkundungsflug entdeckt, es begannen die ersten Ausgrabungen der Anlage, und im Jahr 2005 war sie vollständig rekonstruiert.

Der perfekte Sternensucher-Ort ist die Arche Nebra mit einem großen Besucherzentrum am Fundort der Himmelsscheibe von Nebra. Es erklärt anschaulich und mit einer modernen, interaktiven Präsentation, welches Wissen auf der 3600 Jahre alten kreisförmigen Bronzeplatte verschlüsselt ist. Sie ist die älteste bislang bekannte konkrete Darstellung kosmischer Phänomene und seit dem Jahre 2013 auch UNESCO-Weltdokumentenerbe.

Nordöstlich von Nebra liegt auf freiem Feld ein Ort, der für die Sternenbeobachtung prädestiniert ist, denn ringsherum gibt es keine störenden Lichtquellen. In Langeneichstädt wurde im Jahre 1987 bei Feldarbeiten ein weiterer hochinteressanter Fund gemacht: Zufällig stieß man auf ein Steinkammergrab, das rund 5500 Jahre alt ist. Dabei kam neben Schmuck aus Tierknochen, Marmor und Bernstein auch eine fast zwei Meter große Menhir-Statue mit der Darstellung einer Dolmengöttin zum Vorschein. Auf dem Gelände neben dem mittelalterlichen Wartturm kann eine Kopie des Menhirs besichtigt werden. Das Original wird im Landesmuseum für Vorgeschichte in Halle aufbewahrt. Von der Berührung des Menhirs erhoffte man sich Fruchtbarkeit für Mensch, Tier und Pflanzen. Der in der Nähe befindliche Wartturm war Bestandteil eines hochmittelalterlichen Landwehrsystems. Das nördlich des Ortes gelegene Areal erreicht man über eine Wanderung durch eine weitläufige Felderlandschaft, über die der Wind der Geschichte weht.

Halle und Magdeburg

In Halle sollte man sich das Landesmuseum für Vorgeschichte ansehen, denn hier gibt es die Original-Himmelsscheibe von Nebra zu sehen. Der Besuch des Museums lohnt sich auf jeden Fall, denn die Sammlungen zur Vor- und Frühgeschichte sind von solch hoher Qualität, dass nicht nur Kinder und Jugendliche ins Staunen geraten.

Auf dem Weg nach Magdeburg breitet sich in der weiten Elblandschaft das Ringheiligtum Pömmelte (siehe S. 62) aus und mutet wie ein Wächter aus vergangener Zeit an. Südlich von Magdeburg fanden Archäologen die Überreste dieses mehr als 4000 Jahre alten Kultortes, der am originalen Fundort rekonstruiert wurde. Und kommt man schließlich in Magdeburg an, gibt es mit dem Kulturhistorischen Museum Magdeburg und dem Museum für Naturkunde zwei besuchenswerte Ausstellungsorte, die eine universelle Sicht auf die Geschichte von Natur und Kultur bieten.

Zurück in die Steinzeit

In die Geschichte eintauchen kann man auch im Steinzeitdorf Randau in der Nähe von Magdeburg. Auch hier wird Prähistorisches zu neuem Leben erweckt. Die Mitglieder des Fördervereins Randau betreiben und pflegen das Steinzeitdorf mit großem Engagement, das mit den Behausungen, Hütten und Scheunen nicht nur Schülern, Familien und Gruppen aller Art einen lebendigen Zugang zum Leben unserer Vorfahren ermöglicht. Auf Anfrage kann man auch mit einer kleinen Wohnmobilgruppe das Dorf als Stellplatz zur Übernachtung anmieten und hier ganz ungestört den Abendhimmel absuchen. Denn wer weiß, vielleicht entdeckt man ja einen noch unbekannten Kometen?

↖ Entlang der Himmelswege-Route begegnet man so manchem versteckten Kleinod.
← Das besuchenswerte Museum für Vorgeschichte in Halle sollte zu jeder Reise auf den Himmelswegen unbedingt dazugehören.
↗ Die Arche Nebra ist kein UFO, sondern ein modernes Besucherzentrum am Fundort der Himmelscheibe.

INFO

ARCHE NEBRA

Vom Besucherzentrum der »Arche Nebra«, das sich mit modernen Präsentationen auch bestens für Familien eignet, führt ein Wanderweg durch den Wald zum Fundort der Himmelsscheibe von Nebra und einem Aussichtsturm, von dem aus man die umliegenden Wälder und Hügel überblicken kann. www.himmelsscheibe-erleben.de

GEISELTALSEE

In der Nähe der Dolmengöttin von Langeneichstädt lohnt sich ein Abstecher zum Geiseltalsee. Die Geiseltalsee-Camping-Anlage in Mücheln bietet verschiedene Übernachtungsmöglichkeiten: Zelte, Wohnwagen, Wohnmobil, Camping-Fass oder Family Lodge. www.geiseltalsee.de

HALLES GIEBICHSTEIN

Jeweils Anfang August um die Zeit der Perseiden sollte man Halle besuchen. Dann zieht die Oberburg Giebichenstein mit »Picknicken unter Sternenhimmel« samt Sternschnuppen-Garantie und Sommerkino die Sternensucher an. www.halle-tourismus.de

Weitere Informationen findet man unter www.himmelswege.de

Hier breitet sich ein endlos erscheinender Himmel aus, der zur Sternen-Beobachtung regelrecht verführt.

KREISGRABENANLAGE VON PÖMMELTE

DAS »DEUTSCHE STONEHENGE«

Europa war schon in der Bronzezeit globalisiert und vernetzt. Archäologen haben Fundstücke an mehreren Orten entdeckt und ausgegraben, die in einer Art DIN-Norm hergestellt wurden und in ganz Europa verbreitet waren. Der Handel war bereits über Grenzen hinweg organisiert.

So verwundert es nicht, dass zum Beispiel das Kupfer der Himmelsscheibe von Nebra (siehe S. 59 und 81) aus dem Salzburger Land stammt. Internationale Handelswege und Austausch von Gütern sind also keine Erfindung der neuzeitlichen Gesellschaften, auch wenn wir das manchmal meinen. Nicht nur der Warenaustausch zeugt von »globalen« Verbindungen, gemeinsam war den Menschen der Vorzeit wohl auch eine bestimmte Vorstellungswelt, zu der es gehörte, die religiösen Bräuche an den Geschehnissen der Natur auszurichten.

←↙↓ In Pömmelte ragt eine Kultstätte aus der weiten Elblandschaft, die es an mystischer Anmutung mit jeder anderen prähistorischen Anlage aufnehmen kann.

Kultort an der Elbe

Das war auch in der weiten Elblandschaft nicht anders. Südlich von Magdeburg fanden Archäologen die Überreste eines mehr als 4000 Jahre alten Kultplatzes: die Kreisgrabenanlage von Pömmelte, die am originalen Fundort nachgebaut wurde und aus sieben Palisadenringen, aus Gruben und Wällen mit einem Gesamtdurchmesser von rund 115 Metern besteht. Sie war bereits 1991 aus der Luft entdeckt und von 2005 bis 2008 wissenschaftlich erforscht worden. In Größe, Struktur und Funktion gleicht das Ringheiligtum Pömmelte dem englischen Stonehenge. Die Steinzeitanlage in Pömmelte bestand jedoch nicht aus mächtigen Felsbrocken, sondern aus Tausenden von Holzpfählen, wie die Archäologen aufgrund der zahlreich gefundenen Pfostenlöcher rekonstruieren konnten. Wie in Stonehenge vermuten die Forscher, dass auch die Anlage in Pömmelte mit ihrer Ausrichtung die Jahreszeiten markierte.

Das Ringheiligtum Pömmelte war am Ende der Jungsteinzeit und zu Beginn der Bronzezeit ein bedeutender Kultort, den die Menschen über viele Generationen hinweg für ihre Rituale und Zeremonien nutzten. Heute kann man von einem Aussichtsturm den Abendhimmel erkunden und die Anlage aus der Vogelperspektive überblicken. Die hier gefundenen Gegenstände, darunter Mahlsteine, Beile, Keramik, Pfeilspitzen und sogar menschliche Überreste, geben detaillierte Einblicke in das Leben der damaligen Zeit mit ihren komplexen Ritualen und Opferhandlungen. Zu sehen sind die Fundstücke im benachbarten Salzlandmuseum in Schönebeck an der Elbe. Und das Beste an Pömmelte: Die Anlage ist jederzeit frei zugänglich.
www.himmelswege.de/orte/ringheiligtum-poemmelte

14

WILDHEIT UND ELEGANZ

BIOSPHÄRENRESERVAT MITTELELBE

Dass eine UNESCO-Welterbe-Region wie Anhalt-Dessau-Wittenberg im Mittelpunkt des Interesses von Kultur- und Naturreisenden steht, bedeutet nicht, dass es hier nur Besucherströme gibt. Im Biosphärenreservat Mittelelbe und dem Krägengraben westlich von Wörlitz findet man auch wilde Ecken.

Das Biosphärenreservat Mittelelbe ist eine mitteleuropäische Stromtal-Landschaft rund um die Elbe, ihren Zuflüssen, den umgebenden Auen und großen Hartholzauenwäldern. Charakteristisch für die Kulturlandschaft des Biosphärenreservates sind die über Jahrhunderte andauernde menschliche Nutzung der fruchtbaren Auenböden, die stets verfügbare Wasserkraft, die profitablen Wälder und artenreichen Gewässer in der besonders anmutigen Landschaft des mittleren Elbtals. Die Elbe, ihre Zuflüsse und ein dichtes Netz aus über- und unterirdischen Gewässern bilden das Herzstück eines Kreislaufsystems, in dem die in der Aue regulierenden Vorgänge des Hoch- und Niedrigwassers, der Überflutungen und des Trockenfallens die landschaftsformenden Kräfte bilden. An diese Bedingungen angepasst ist eine Vielzahl an auentypischen Tier- und Pflanzenarten wie Biber, Weiß- und Schwarzstorch, Seeadler, Libellen, Lurche und Schmetterlinge in den feuchten, wechselfeuchten und trockenen Lebensräumen zu finden. Helle Sandbänke, Flutrinnen und Auenwälder prägen im Biosphärenreservat Mittelelbe das Landschaftsbild.

Das Biosphärenreservat Mittelelbe erstreckt sich auf 303 Kilometern über den gesamten Elbeflusslauf in Sachsen-Anhalt. Dazu zählen auch die Zuflüsse Schwarze Elster, Mulde, Saale, Ohre, Havel und Aland. Es umfasst rund 126 000 Hektar an Natur- und Kulturlandschaften in der Elbe-, Mulde- und Havelaue. Neben zahlreichen Naturlehrpfaden und Reitwegen laden hier mit dem Elbradweg und einer Vielzahl an regionalen Wanderwegen auch 19 Auenpfade zur aktiven Erholung ein. Als ältestes deutsches UNESCO-Biosphärenreservat, das bereits 1979 seine Anerkennung erhielt, schützt es eine naturnah erhaltene mitteleuropäische Stromtalaue, in der es die größten zusammenhängenden Hartholzauenwälder in Mitteleuropa gibt.

Im Biber-Paradies

Das Biosphärenreservat Mittelelbe ist außerdem das Hauptsiedlungsgebiet des Elbebibers (*Castor fiber albicus*), der sich hier besonders wohl fühlt. Im Gebiet an der Elbe zwischen Wittenberg und Schönebeck/Elbe lag Anfang des 20. Jahrhunderts auch jener letzte Rückzugsraum, der ihn schließlich vor dem Aussterben bewahrte. Zudem ist es das einzige deutsche Biosphärenreservat, das mit Magdeburg auch eine Landeshauptstadt tangiert. Mit dem UNESCO-Weltkulturerbe Gartenreich Dessau-Wörlitz gehört seit 1988 auch eine herausragende Kulturlandschaft zum Biosphärengebiet, die eindrucksvoll zeigt, dass elegante Parkanlagen nach englischem Vorbild und klassizistische Gebäude wie das Wörlitzer Schloss sich perfekt in eine Naturlandschaft einfügen.

→ Das Lutherhaus in Wittenberg ist das größte reformationsgeschichtliche Museum der Welt.

LUTHERHAUS
LUTHERSTADT WITTENBERG
LUTHERHAUS

← Das Gartenreich in Dessau-Wörlitz hat trotz seiner Bekanntheit noch genügend ruhige Flächen für ungestörte Naturerlebnisse.
↙ In den Cranachhöfen in Wittenberg wird das Entstehen des Buchdrucks vorgeführt.
↘ Schloss Wörlitz, ein frühes Beispiel des deutschen Klassizismus, besticht mit schlichter Eleganz.

Das Gebiet erhält durch den Wechsel vom großen Strom Elbe und seinen Nebenflüssen, Auwäldern und großflächigem Auengrünland einen besonderen Charakter. Aber auch Bracks, die kleinen Teiche, die nach einem Deichbruch entstanden sind, und Qualmwasser, das unter den Deichen hindurchsickert, gehören dazu. Das ruhige Erscheinungsbild der Elbtalauen wird auch geprägt von idyllischen Dörfern mit Höfen, auf denen Kühe und Schafe auf der Weide grasen. Die weitläufigen Landschaften des Biosphärenreservates dienen darüber hinaus als Rast- und Durchzugsgebiet zahlreicher Vogelarten. Für Menschen, die gerne in der freien Natur unterwegs sind und dabei beobachten und entdecken wollen, bietet das Biosphärenreservat Mittelelbe beste Bedingungen. Wer den Alltag abstreift und sich auf die Landschaft einlässt, wird die Einzigartigkeit der Weite und Ruhe in den Elbauen schätzen und lieben lernen.

Mit ruhigem Schritt durch die Flussauen ziehen, Zeit finden, um oben den Wolken und dem Vogelzug nachzuschauen, nach links und rechts, um die Tiere zu erspähen, sich auch einmal umdrehen und innehalten: Die Sinne schärfen für die kleinen Dinge, die Details der Flusslandschaft aufnehmen, gelingt nur ein paar Schritte westlich vom Gartenreich Dessau-Wörlitz im Krägengraben besonders gut. Tief durchatmen und den Puls der Natur spüren, eins werden mit der Umgebung – wer im Biosphärenreservat wandert, macht den Weg zum Ziel. Im Frühjahr und Herbst erlebt man die Magie zehntausender Zugvögel, die in den Elbauen rasten. Im Winter unter einem stahlblauen, frostigen Himmel treibt rundes, knirschendes Pfannkucheneis die Elbe hinab, begleitet von den melodischen Rufen der nordischen Singschwäne, die weit über die flache Aue schallen. Ob entlang des Krägengrabens oder auf dem Deichweg des Wörlitzer Grabens: Die schönsten Naturereignisse sind hier zu Fuß zu erleben.

Auf dem Elberadweg

Aber auch der beliebteste Radfernweg Deutschlands, der Elberadweg, führt durch das gesamte Biosphärenreservat Mittelelbe. Radreisende finden hier gut ausgebaute Strecken in flacher Landschaft und abseits großer Straßen. Fahrradfreundliche Unterkünfte am Elberadweg, eine durchgehende Ausschilderung der Radwege und eine gute Wegebeschaffenheit sind die Markenzeichen des Radparadieses. Fernradler kommen hier genauso auf ihre Kosten wie Kurzstrecken-Genussradler. Nicht versäumen sollte man einen Besuch von Schloss Luisium von Fürstin Luise von Anhalt-Dessau, dem klassizistischen Anwesen mit wundervoller Parklandschaft bei Dessau-Roßlau. Dieses ließ Fürst Leopold III. Friedrich Franz von Anhalt-Dessau zwischen 1774 und 1778 errichten, der hier seiner Gemahlin ein kleines Refugium im Geiste der Aufklärung geschaffen hat.

INFO

ÜBERNACHTEN
In bester Lage direkt am Zugang zum Schlossgarten in Wörlitz liegt das Landhaus Wörlitzer Hof. Als »Natur-Pur-Hotel« sind hier Balance, Genuss und Natur die drei Säulen der Hotelphilosophie. www.woerlitzer-hof.de

WITTENBERG UND LUTHER
Den »Weltspaziergang« durch die Lutherstadt Wittenberg sollte man sich nicht entgehen lassen. Die geführte Tour zu den Welterbestätten Stadtkirche mit dem Cranach-Altar und der Schlosskirche mit der berühmten Thesentür sowie den Gräbern Luthers und Melanchtons ist eine authentische Reise in die Zeit der Reformation. Mit moderner Präsentationstechnik ausgestattet ist das 360-Grad-Panorama »Luther 1517«, das von Yadegar Asisi entworfen und realisiert wurde. www.martinluther.de

AUF DEN SPUREN DES BAUHAUSES
Dessau besitzt eine große Zahl an originalen Bauhausgebäuden: Vom Restaurant Kornhaus im Norden der Stadt über das Bauhausgebäude und die Meisterhäuser bis zur Siedlung Dessau-Törten im Süden finden sich hier Gebäude, die das Zeitalter der Moderne einleiteten. www.anhalt-dessau-wittenberg.de

Weitere Informationen findet man unter www.mittelelbe.com

Hier saß Martin Luther einst in seiner Stube am Tisch.

15

IDYLLISCHE LANDSCHAFTEN UND ORTE

NATURPARKLAND FLÄMING

Die Reiseregion Fläming in Sachsen-Anhalt ist ein abwechslungsreiches Land, das sich zwischen Berlin, Magdeburg, der Lutherstadt Wittenberg und im Osten bis kurz vor den Spreewald erstreckt. Darin liegen drei Naturparks und besondere Orte voller ursprünglicher Abgeschiedenheit.

Die Welt ist voll alltäglicher Wunder«. Das wusste schon Martin Luther, der am 31. Oktober 1517 seine »95 Thesen wider den Ablassmissbrauch« am Tor zur Schlosskirche von Wittenberg veröffentlichte und so die Reformation in Gang setzte. Auch wenn Luther kein großer Landschaftsbewunderer war und die Natur eher in ihrer gezähmten Erscheinungsform beschrieb, kannte er ihre wilde Kraft, die der Mensch aber zügeln sollte. Eine ursprüngliche Landschaft wartet mit dem Fläming auf die Besucher, die Luther gefallen hätte, zeigt sich hier doch eine abwechslungsreiche Mischung aus Wildheit und ländlicher Idylle. Die Reiseregion Fläming umfasst den Naturpark Nuthe-Nieplitz (siehe S. 26), den Hohen Fläming und den Naturpark Fläming/Sachsen-Anhalt mit seiner typischen, rapsgelben Hügellandschaft, den geschichtsträchtigen Flämingkirchen, seinen Findlingen und Rummeln (Trockentälern) sowie ganz viel ursprünglicher Natur. Die Region grenzt im Norden mit dem Naturpark Hoher Fläming an Brandenburg und im Süden an die Elbe und das Biosphärenreservat Mittelelbe. Der Naturpark weist eine Fläche von mehr als 82 000 Hektar aus. Hier im Naturpark Fläming/Sachsen-Anhalt gibt es die sogenannten »Besonderen Orte« zu entdecken – Orte, die sich als Ausgangspunkt für Entdeckungstouren zu Fuß, mit dem Rad oder hoch zu Ross eignen, da sich in deren Umgebung lohnenswerte Ausflugsziele in kurzer räumlicher Distanz befinden.

Rundwege und kleine Fläming-Orte

Zu den »Besonderen Orten« zählen unter anderem auch drei Dörfer mit klangvollen Namen: Jeber-Bergfrieden, Hundeluft und Thießen. Sie liegen nicht nur dicht beisammen, sie bieten auch viel Ruhe und Gelegenheit zur Entspannung. Hier findet man den einzigen Kupferhammer (Hammerwerk) Sachsen-Anhalts und gut erhaltene Teile einer Landwehr. Auf der sechs Kilometer langen Rundwanderung Jeber-Bergfrieden erlebt man die vielfältigen Fläminglandschaften, insbesondere den Wald in allen Facetten. Der 19 Kilometer lange Rundweg »Zwischen Elbe und Fläming« beginnt in Coswig und führt den Bismarckstieg entlang bis zum Hubertusberg, zum Luthersteig nach Möllensdorf, entlang des Grieboer Bachs und wieder zurück nach Coswig. Zwischen Elbe und Fläming erwandert man Urstromtal, Wälder und Berge und entdeckt die landschaftliche Vielfalt des Naturparks Fläming/Sachsen-Anhalt und des Biosphärenreservats Mittelelbe. Dabei befindet man sich häufig so weit weg vom Lärm der Welt, dass man wie ein Wunder den eigenen Atem hört.

INFO

MÖLLENSDORF

In der Gemeinde Möllensdorf kann man das ländliche Leben und die naturnahe Landschaft am Grieboer Bach genießen. Auf den Rundwegen sind Ausflugsziele gut erreichbar wie der Bismarckturm auf dem Hubertusberg, der Apollensberg, aber auch Coswig und die Lutherstadt Wittenberg.
www.coswigonline.de

NATURPARKZENTRUM

Im Naturparkinfozentrum in Coswig erhält man Hinweise zu besonderen Orten, Wander- und Radwegen, Veranstaltungen und Naturschutzprojekten.
www.naturpark-flaeming.de

Weitere Informationen findet man unter
www.sachsen-anhalt-tourismus.de

← Der Tiefensee im Naturpark Fläming bietet im Herbst ein wahres Farbenspektakel.
↑ Die Wälder im Naturpark bei Thießen wirken verwunschen und wie aus der Zeit gefallen.

16

RAUE BERG-WALDWILDNIS

DER HARZ UND DER BROCKEN

Wer Harz hört, denkt sofort an den Brocken, raue Winternächte und den Hexensteig. Das Mittelgebirge ist zweifelsfrei ein wundervolles Wander- und Naturrevier, nicht nur zur Walpurgisnacht, wenn die Hexen auf ihren Besen über die Wipfel des Harzes sausen, eine Berg- und Waldwildnis, wie sie schöner kaum sein kann.

Mit dem Naturpark Harz/Sachsen-Anhalt (Mansfelder Land) wurde im Jahr 2012 im südwestlichen Teil Sachsen-Anhalts ein Naturpark im Harz ins Leben gerufen, der mit seinen 256 Quadratkilometern die Landschaftsräume des östlichen Harzvorlandes und des Unterharzes umfasst. Er bietet wunderbare Mischwälder zur aktiven Erholung in idyllischer Natur. Wandernde finden auf zahlreichen Routen wie beispielsweise vom Ilsetal zur Plessenburg, rund um das Torfhausmoor, durch das Eckerloch zum Brocken oder auf dem Goetheweg und dem Hexensteig faszinierende Wege, die durch die Stille der Wälder führen. Orte wie Bad Lauterberg, Bad Harzburg oder Friedrichsbrunn gewähren vielfältige Erholungsmöglichkeiten.

Der Harz liegt im Herzen von Deutschland und ist aus allen Himmelsrichtungen gut erreichbar. Zahlreiche Autobahnanbindungen sind vorhanden, und viele Orte am Rande des Harzes lassen sich bequem mit der Bahn besuchen. Vor Ort gibt es ein dichtes Busnetz, und die Harzer Schmalspurbahnen verbinden über 20 Orte.

← Gegenüber liegt die Burgruine Questenberg, auf der Queste aber geht es nicht nur an Vollmondnächten lebendiger zu.

Der Naturpark Harz/Sachsen-Anhalt (Mansfelder Land) ist neben dem Naturpark Harz in Niedersachsen, dem Naturpark Harz/Sachsen-Anhalt und dem Naturpark Südharz der vierte Naturpark des Mittelgebirges Harz, er reicht von Molmerswende bis Hettstedt und von Welbsleben bis Gorenzen. Er erhält seinen Charakter durch ausgedehnte Waldgebiete – zu rund 45 Prozent ist diese Region bewaldet. Vor allem Laub- und Laubmischwälder dominieren hier das Landschaftsbild. Auf einem Drittel der Fläche wird naturnaher Ackerbau betrieben, die Siedlungsflächen nehmen nur rund sechs Prozent der Naturparkfläche ein – kein Wunder also, dass es sich hier um ein ideales Wandergebiet handelt, in dem man einsame Wälder durchstreifen und die Ruhe der Natur genießen kann.

Spuren des Bergbaus

Im Mansfelder Land hat aber auch der jahrhundertelange Kupferschieferbergbau Spuren hinterlassen. Die drei »Pyramiden von Mansfeld« sind weithin sichtbare Zeugnisse dieser Zeit, die bis zum Ende der 1960er-Jahre andauerte. Die größte der Abraumhalden ist mit ihren 153 Metern Höhe sogar 14 Meter höher als die Cheops-Pyramide in Ägypten. Einmal im Jahr kann man sie bei einer öffentlichen Führung erklimmen. Aber auch von Weitem erscheinen sie wie imposante Monumente aus einer vergangenen Zeit.

An einer der bekanntesten deutschen Persönlichkeiten kommt man auch im Harz nicht vorbei, denn hier steht sein Elternhaus: Entgegen vieler Vermutungen, Wittenberg sei Martin Luthers Heimat gewesen, muss man ins Mansfelder Land fahren, um sich tatsächlich in seiner Heimat zu befinden. Denn hier, in Mansfeld-Lutherstadt, verbrachte der Reformator seine Kindheit und frühe Jugend, hier ging er zur Schule. In Luthers Elternhaus kann man mit zahlreichen Alltagsexponaten wie etwa einem Kochtopf, Zapfhahn oder Becher dem Leben der Familie Luther nachspüren.

Wahrhaft zur Ruhe und Besinnung gelangt man auf dem »Lutherweg«, der zum Wandern und Pilgern auf den Spuren Martin Luthers einlädt. Auf stolzen 410 Kilometern führt er zu 40 Lutherstätten in Sachsen-Anhalt. Die nördliche Route verläuft ab der Lutherstadt Wittenberg über Wörlitz, Dessau-Roßlau, Bernburg und Wettin. Auf der südlichen Route führt der Lutherweg von Wittenberg über Bad Düben, Bitterfeld-Wolfen und Petersberg nach Halle an der Saale.

Wandern und Waldwohl

Eine schöne Wanderung im Biosphärenreservat Karstlandschaft Südharz, in deren Mittelpunkt die Gipskarstlandschaft und die uralten Buchenwälder, ihre Hänge, Streuobstwiesen und Trockenrasengebiete stehen, führt vom Wanderparkplatz Bauerngraben über den Roten Kopf bis nach Questenberg. Der vier Kilometer lange Wanderweg überwindet 120 Höhenmeter und belohnt mit imposanten Karstpanoramen und schönen Weitsichten. Vom Gipfelkreuz über Questenberg, einem uralten Sonnensymbol, hat man einen wunderbaren Fernblick über die Landschaften des Biosphärenreservats Karstlandschaft Südharz. Die attraktive Wanderung stellt keine besonderen Anforderungen an die Kondition und kann daher gut bewältigt werden.

Auch in Niedersachsen kann man – sogar unter kompetenter Anleitung – die Stille des Waldes genießen, die kraftspendende Wirkung der Bäume spüren und mit Waldwohl-Trainerinnen und -Trainern in die Natur eintauchen. Die Harzer lieben ihre Wälder und möchten diese nachhaltig bewirtschaften. Damit Waldbesuche keinen Schaden anrichten, bietet das Unternehmen »Waldwohl« im Einklang mit den Zielen einer nachhaltigen Waldbewirtschaftung entschleunigende und gesundheitsfördernde Kurse in den Harzwäldern an, die vom klassischen Waldbaden bis zu thematischen Workshops reichen, die den Respekt vor der Natur fördern und lehren, aus ihr Kraft zu schöpfen.

Prominente Harz-Fans

Johann Wolfgang von Goethe veröffentlichte 1808 die Geschichte von Faust, Mephisto und Gretchen, ein Werk, das zweifelsfrei zur Weltliteratur zählt. Das noch heute jährlich am 30. April stattfindende Walpurgisfest auf dem Brocken regte ihn zu seiner berühmten Tragödie an. Außerdem schrieb Goethe die »Harzreise im Winter«, und auch der Dichter Heinrich Heine verfasste seine »Harzreise«. Die Maler Caspar David Friedrich, Ludwig Richter und Georg Heinrich Crola ließen sich ebenfalls vom Harz inspirieren. »Durch die Tannen will ich schweifen, wo die muntere Quelle springt, wo die stolzen Hirsche wandeln, wo die liebe Drossel singt«, so beschrieb der deutsche Dichter Heinrich Heine seine Walderfahrungen. Im Nationalpark Harz und seinen Naturparkgebieten lässt sich das eindrucksvoll das ganze Jahr hindurch nachvollziehen. Und auch wenn der Harz zu den bekannten Naturreisezielen gehört, findet man dennoch genug wilde, ruhige Ecken, um diese großartigen Naturlandschaften zu genießen.

← Auf dem Auerberg bei Stolberg haben Stürme beträchtliche Schäden angerichtet. Mit Mischwäldern wird aufgeforstet.
↗ In den mächtigen Buchenwäldern des Südharzes kommt der Mensch sich recht klein vor.

INFO

RITTER VON KEMPSKI

Im Südharz gibt es eine Privathotelgruppe, die von Dr. Clemens Ritter von Kempski mit Sitz in Stolberg gegründet wurde. Zu den Hotels »in der Wiege Deutschlands« zählen das Vier Sterne Superior-Hotel Naturresort Schindelbruch und das Romantik Hotel FreiWerk. Im Naturresort kann man im 2500 Quadratmeter großen Wellnessbereich mit Schwimmbädern, Saunadorf und Fitnesscenter ausgezeichnet entspannen und zur wohlverdienten Ruhe kommen. Und das Romantikhotel in einer historischen Fachwerkvilla bietet in seinen 30 modern ausgestatteten Zimmern und Suiten neben Ruhe und Komfort auch einen Wellnessbereich.
www.rittervonkempski.de

TEUFELSSTIEG

Wenn man bei der Namensgebung solch ein Glück hatte, braucht man sich um den Bekanntheitsgrad keine Sorgen zu machen. Der 26 Kilometer lange Wanderweg von Elend über den Brocken bis Bad Harzburg wird von einem weißen Teufel auf grünem Grund markiert. Im Elendstal beginnend, geht es bergauf zu den Schnacherklippen, entlang der kalten Bode, durch die Schluftwiesen und das Eckerloch zum Brocken. Der Weg verläuft weiter vorbei an Teufelskanzel und Hexenaltar. Der Abstieg nach Bad Harzburg ist dagegen fast engelsgleich.

Mehr Informationen: www.harzinfo.de und www.nationalpark-harz.de und

Idyllisch schmiegt sich der kleine Ort Questenberg in die Südharzer Karstlandschaft ein. Zeugnisse erster Besiedlung stammen bereits aus dem 5. Jahrhundert v. Chr.

17

KLIMASCHÜTZER NIEDERMOOR

BIOSPHÄRENRESERVAT DRÖMLING

Das Biosphärenreservat Drömling ist eine Niedermoorlandschaft im nordwestlichen Sachsen-Anhalt mit einer Ausdehnung von rund 280 Quadratkilometern. Hier gibt es große Natur- und Landschaftsschutzgebiete, in denen eine artenreiche Flora und Fauna zu Hause ist.

Die Entwicklung des sachsen-anhaltinischen Drömlings hat aus Sicht des Naturschutzes einen besonders erfolgreichen Verlauf genommen: Einst Naturpark und Naturschutzgebiet, ist der Drömling heute auch ein Biosphärenreservat. Im Naturschutzgroßprojekt Drömling ist die Wiedervernässung, also die Anhebung des Wasserstandes und die Wiederherstellung des Niedermoores gelungen. Heute stellt der Drömling eines der größten durch Niedermoore gebildeten Niederungsgebiete Norddeutschlands dar. Die Landschaft weist ausgedehnte Grünlandflächen, Feuchtwälder und ein enges Netz von Gräben mit Röhricht und Gehölzen auf – eine faszinierende, unberührte Welt der Moore und Feuchtgebiete, die man hier entdecken kann. Im Drömling engagieren sich die Biosphärenreservatverwaltung, aber auch die Bewohner für den Klimaschutz. Dabei spielt Wasser eine tragende Rolle. Die Erhaltung des Niedermoores und des Feuchtgrünlandes, die Entstehung naturnaher Wälder, die Wiederherstellung von Tümpeln und Teichen sowie die ökologische Ausgestaltung der Ohre, eines Nebenflusses der Elbe, sind die wichtigsten Ziele. Im Rahmen des Naturschutzgroßprojektes wurden rund 800 Hektar an Äckern in Grünland umgewandelt, größere Teilbereiche wie der Rätzlinger, der Miesterhorster Drömling und das Gebiet um den Solpker wurden zu Feuchtgebieten zurückgeführt.

Oebisfelder Sumpfburgtour

Eine naturnahe, wilde Ecke des Drömlings kann man auf der »Oebisfelder Sumpfburg- und Ländchentour« mit dem Fahrrad erkunden. Die 43 Kilometer lange Strecke eignet sich gut für eine Wochenendtour mit zwei oder drei Etappen. Sie führt durch das Allertal in der Oebisfelder Umgebung, durch den Breitenroder und den Buchhorster Drömling. Auch hier begegnet einem das Thema Wasser wieder, denn die ersten Kilometer radelt man auf der Wasserscheide von Weser und Elbe. In nördlicher Richtung Norden erstreckt sich die Drömlingsniederung, in Richtung Süden taucht am Horizont der Flechtinger Höhenzug auf. Entlang des Weges, der häufig von Bäumen und Sträuchern eingerahmt wird, kann man die Stimme des Ortolans und anderer Hecken bewohnenden Vogelarten hören. Die Tour führt außerdem nach Buchhorst, dem storchenreichsten Dorf im ganzen Drömling. Wenn man wieder Oebisfelde erreicht hat, sollte man sich die Sumpfburg ansehen. Sie ist eine der ältesten erhaltenen Sumpfburgen Europas. Auf einem Spaziergang entlang der Mühlaller, die durch Oebisfelde führt, kann man sich nach dem Strampeln die Beine vertreten.

← Im Biosphärenreservat Drömling kann man einsame Täler an idyllischen Bachläufen durchwandern.
↓ Im Kulturhistorischen Museum Magdeburg und im Naturkunde Museum in Magdeburg wird die Erdgeschichte anschaulich präsentiert.

INFO

MAGDEBURG-TIPP

Wer aus dem Süden Deutschlands in den Drömling reist, kommt meist durch Magdeburg. Die Stadt an der Elbe hat nicht nur architektonisch Sehenswertes zu bieten. Hier gibt es mit dem Kulturhistorischen Museum Magdeburg und dem Museum für Naturkunde zwei begeisternde Museen, die eine universelle Sicht auf die Geschichte von Natur und Kultur bieten und damit ganz im Trend liegen, denn die moderne Wissenschaft nennt den Blick auf die Globalgeschichte von der Entstehung der Welt bis heute »Big History«. Es gibt keine geeignetere Einstimmung auf den Drömling als diese beiden Museumsschätze. www.magdeburg-tourist.de

Weitere Informationen findet man unter www.biosphaerenreservat-droemling.de

Die Feuchtgebiete im sachsen-anhaltinischen Drömling sind ein wertvolles Rückzugsgebiet für Amphibien und Wasserpflanzen.

18

VOM BERGBAU ZUM NATURRAUM

NATURPARK HARZ UND MANSFELDER LAND

Mit dem Naturpark Harz/Sachsen-Anhalt (Mansfelder Land) wurde im Jahre 2012 im südwestlichen Teil Sachsen-Anhalts der vierte Naturpark in der Harzregion ins Leben gerufen. Seine Namensgebung sollte niemanden abschrecken, denn er bietet wunderbare Mischwälder zum Wandern.

Der ein wenig sperrige Name des vierten Naturparks innerhalb des Mittelgebirges Harz bedeutet keineswegs, dass man hier auf lauter Hindernisse trifft. Ganz im Gegenteil, zwischen Molmerswende und Hettstett, zwischen Welbsleben und Gorenzen breiten sich verträumte Landstriche aus, die von ausgedehnten Laub- und Mischwäldern, weiten Feldern und einem unendlich erscheinenden Horizont geprägt sind. Die Siedlungsgebiete dieses dünn besiedelten Naturparks nehmen nur sechs Prozent ein, daran sieht man, dass hier Freiräume und unberührte Natur die erste Geige spielen. Das Mansfelder Land war über Jahrhunderte als Bergbauregion bekannt, da ist es kein Wunder, dass man noch heute Spuren des Kupferbergbaus findet, die plötzlich aus der Landschaft ragen: Die »Hohe Linde« bei Sangerhausen, die größte der Abraumhalden im Mansfelder Land, erreicht eine Höhe von 150 Metern. Wer für die düster erscheinenden Bergbauüberreste einen Ausgleich braucht, sollte dem Städtchen Sangerhausen einen Besuch abstatten, denn hier gibt es mit dem Europa-Rosarium die weltweit größte Rosensammlung der Welt. Über 8700 Rosensorten werden hier präsentiert, man schlendert durch ein 13 Hektar großes Gelände und weiß vor lauter Rosenduft nicht mehr, wo einem die Sinne stehen in dieser wohlsortierten Wildnis voller Anmut und Piks-Garantie.

Auf nach Tilleda

Etwas weiter südwestlich von Sangerhausen, in unmittelbarer Nähe zur Grenze nach Thüringen und in Sichtweite des berühmten Kyffhäuser-Denkmals im Landkreis Mansfeld-Südharz gelegen, bietet das Freilichtmuseum Königspfalz Tilleda einen Einblick in die bewegte Geschichte dieser Region. In einem weitläufigen Areal, das eine nahezu mystische Atmosphäre ausstrahlt, findet man die einzige vollständig ausgegrabene Residenz der ostfränkisch-deutschen Kaiser und Könige vom 10. bis zum 12. Jahrhundert im Einflussgebiet des Heiligen Römischen Reiches.

Durch das Brummtal

Eine Wildnis-Wanderung im Mansfelder Hügelland von rund sechs Kilometern Länge führt über Quenstedt und Harkerode durch das Fauna-Flora-Habitat-Gebiet »Brummtal bei Quenstedt«. Zwischen Schalkenburg, Burg Arnstein und dem Brummtal erstrecken sich Eichen- und Auenwälder und Trockenrasenflächen. Auch seltene Pflanzen wie das Frühlingsadonisröschen und die Fledermausart Großes Mausohr sind hier zu Hause.

←In der Königspfalz Tilleda ist das Mittelalter auferstanden. Die einzige vollständig ausgegrabene Pfalz in Deutschland liegt an der Straße der Romanik.
↓ Das rekonstruierte Zangentor ebnet den Weg in die einstige Herrscherresidenz.

INFO

SEENLANDSCHAFT

Zu Fuß oder auf dem Fahrrad: Im Mansfelder Land kann man sportliche Aktivitäten mit Genusskultur verbinden. Auf der rund 25 Kilometer langen »Weinstraße Mansfelder Seen« erlebt man traditionelle Weinkultur und attraktive Seenlandschaften am Süßen See, Bindersee und Kernersee. Die Weinberge zählen zu den Ausläufern der Weinbauregion Saale-Unstrut und gehören zum nördlichsten Weinanbaugebiet Deutschlands, das eine über 1000-jährige Weinbautradition besitzt. Die Region bietet mit ihren durch den Harz wind- und wettergeschützten Hängen ideale Bedingungen. Die Route führt durch charmante Orte mit klingenden Namen wie Unterrißdorf, Aseleben, Höhnstedt, Langenbogen und Zappendorf.

Weitere Informationen findet man unter www.mansfeldsuedharz-tourismus.de

19

AUF UND AN DER SAALE

WILDES UNTERES SAALETAL

Der Naturpark Unteres Saaletal erstreckt sich vom Nordwestteil der Stadt Halle bis hinter die Stadt Nienburg zu beiden Seiten der Saale. Er umfasst eine Gesamtfläche von rund 40 800 Hektar und besitzt attraktive Rad- und Wanderwege sowie Angebote für Wasserwandernde.

Wer eine der malerischsten Landschaften Sachsen-Anhalts entdecken will, sollte den Naturpark Unteres Saaletal besuchen. Hier gibt es eine beeindruckende landschaftliche Vielfalt: steil aufragende Felsen, schmale Täler und imposante Hangflächen an einem Ort, an dem der Fluss Saale die Halle-Hettenstedter Gebirgsbrücke durchbrochen hat. Auch die märchenhaft anmutende Auenlandschaft im Naturpark bietet immer wieder Einblicke in eine Landschaft, in der die erdgeschichtliche Entwicklung gut sichtbar ist. Der Wechsel von Laubwald, Fließgewässer, Trockenbiotopen und Weinbergen verleiht der Region ihren besonders ursprünglichen Charakter. Zum Gebiet des Unteren Saaletals gehören auch viele Streuobstwiesen und Trockenrasenflächen, die Schutz für bedrohte Tiere und Pflanzen bieten. Seltene Arten wie der Stengellose Tragant oder die Graue Skabiose werden hier besonders aufmerksam geschützt. Rotmilan, Graureiher und Bienenfresser, aber auch Biber und Weißstorch sind hier zu Hause. Auf fünf Lehrpfaden im Naturpark bekommt man einen guten Überblick über die Flora der Auenwälder, den Bergbau und die Kulturgeschichte der Region. Auch der »Lutherweg« (siehe S. 72) durchstreift fast vollständig das Gebiet. Bedeutende Stationen auf den Spuren Luthers sind hierbei Halle, Wettin und Bernburg.

Radeln durch den Naturpark

Man kann den Naturpark Unteres Saaletal aber nicht nur zu Fuß, sondern auch auf dem Fahrrad entdecken. Der Saaleradweg durchquert den Park auf einer Länge von insgesamt 68 Kilometern, der Europaradweg R1/D3 führt auf 29 Kilometern durch den Naturpark und der Radweg Saale-Harz auf einer Strecke von 22 Kilometern. Der Saaleradweg ist einer der reizvollsten Flussradwege Deutschlands. Von der Saalequelle im Fichtelgebirge über Jena, Naumburg und Halle bis nach Barby an der Elbe entdecken Radfahrer hier das idyllische Tal der Saale. Der Weg windet sich durch bergige Landschaften mit Wäldern, Schluchten und Stauseen und gilt deshalb auch zwischen Zell und Saalfeld als etwas anspruchsvoller. Dafür zeigt er sich im weiteren Verlauf von seiner schönsten Seite, denn die Saale gehört zu den romantischsten Flüssen Deutschlands. Die Region und der Naturpark zählen zu den niederschlagsärmsten Gebieten Deutschlands, ein Umstand, der für Wanderer, aber auch für Wassersportbegeisterte nicht unbedeutend ist. Zwischen Nienburg und Halle gibt es fünf Anlegestellen für alle, die diese einzigartige Natur und das wild-romantische Flusstal vom Wasser aus genießen wollen.

INFO

HIMMELSSCHEIBE UND ALTELEFANT
Im Landesmuseum für Vorgeschichte in Halle ist die Original-Himmelsscheibe von Nebra (siehe S. 59) zu sehen. Sie zeigt die weltweit älteste konkrete Darstellung des Kosmos, ein einzigartiges Zeugnis der Menschheitsgeschichte. Ins Blickfeld rückt auf der 3600 Jahre alten kreisförmigen Bronzeplatte besonders eine Gruppe von sieben Sternen. Diese symbolisieren die Plejaden, die als sogenanntes Siebengestirn weltweit durch alle Zeiten und Mythen als Kalendersterne erwähnt werden. Einen Besuch wert ist auch die Zentralwerkstatt Pfännerhall in Braunsbedra, die neben der Geschichte des Bergbaus im Geiseltal auch einen vier Meter großen eurasischen Altelefanten zeigt, der bei Ausgrabungen gefunden wurde.
www.landesmuseum-vorgeschichte.de und
www.pfaennerhall-geiseltal.de

Weitere Informationen findet man unter
www.unteres-saaletal.de

← Die Unstrut zeigt in und an ihrem Flussbett manch wilden Winkel.
↑ Allein der imposante eurasische Altelefant von Pfännerhall macht den Besuch lohnenswert.

Der Rurstausee in der südwestlichen Eifel hat ein Volumen von über 203 Millionen Kubikmetern, er ist damit nach dem Bleilochstausee in Thüringen der zweitgrößte Stausee Deutschlands.

DER WESTEN

Nordrhein-Westfalen ist das bevölkerungsreichste Bundesland. Trotzdem gibt es viele ursprüngliche Naturräume zum Entspannen.

20

IM REICH DER STEINKREBSE

DER NATIONALPARK EIFEL

Der Nationalpark Eifel ist ein besonderer Lebensraum für Tiere, Pflanzen und Pilze. Seine Merkmale sind naturnahe Laubwälder, artenreiche Wiesen, schroffe Felsen und viele kleine Bäche, aber auch große Seen. Über 10 000 verschiedene Tier- und Pflanzenarten haben Forscher hier bisher nachgewiesen.

Es gibt zahlreiche bedrohte Tiere und Pflanzen, die auf die geschützten Lebensbedingungen im Nationalpark Eifel angewiesen sind. Entsprechend sorgsam sollten sich Besuchende dann auch bewegen und die Regeln für den achtsamen Umgang mit der Natur einhalten, denn sie schützen nicht nur den Artenreichtum und die Umwelt, sondern letztlich auch sich selbst.

Ein schönes Beispiel für Artenschutz ist der heimische Steinkrebs. 130 Exemplare wurden in verschiedene Bäche im Nationalpark Eifel entlassen. Dieses Artenschutzprojekt der Nationalparkverwaltung Eifel benötigt klare, sauerstoffreiche Gewässer mit kieshaltigem Bach- oder Flussbett – das sind die Rahmenbedingungen, in denen die Steinkrebse sich besonders wohl fühlen. Schattig soll es auch sein, denn das Wasser darf nicht zu warm werden, ein Umstand, der in Zeiten der Klimaerwärmung immer wichtiger wird, will man die Steinkrebse hier im Nationalpark Eifel erhalten. Denn die kleinen und selten gewordenen Tierchen gehören zu den äußerst empfindlich auf sich verändernde Umweltbedingungen reagierenden Arten. Zudem darf man sie nicht so einfach in ihrem neuen Zuhause aussetzen. Sie wollen sanft an ihre neue Umgebung gewöhnt, an unterschiedlichen Stellen langsam ins Wasser gesetzt werden. Das alles ist hier im Nationalpark Eifel gelungen, und das erfolgreiche Ansiedlungsprojekt zeigt, wie wichtig das aufeinander abgestimmte Zusammenspiel von Wald, Wasser und Wildnis für die Wiederansiedlung bedrohter Arten ist.

Schutz der Steinkrebse

Steinkrebse einfach in den Bach tauchen, das bringt keinen Erfolg. Sie müssen sich langsam akklimatisieren können, brauchen in der Nähe ihrer Freilassung am besten Totholz oder wurzelreiche Ufergebiete, denn sie suchen immer zunächst ein sicheres Versteck, von dem aus sie ihre neue Umgebung begutachten können. Vor gar nicht allzu langer Zeit stand das Überleben der Steinkrebse in Nordrhein-Westfalen auf dem Spiel. Im ganzen Bundesland gab es nur noch drei Gebiete, in denen der Steinkrebs zu finden war. Heute sind das Siebengebirge und der Nationalpark Eifel mit seinen klaren, kühlen und sauberen Mittelgebirgsbächen hinzugekommen. Trotz allem sind die Steinkrebse noch nicht so weit verbreitet, dass man sie mehr oder weniger überall zu Gesicht bekommt. Wer das Glück hat, einen zu entdecken, soll es ruhig für sich behalten, den Fundort nicht posten oder weitersagen. Denn die sensiblen Tiere wollen keinen Besucherandrang, sondern in ihrer kleinen Wildnis in Ruhe gelassen werden. Das ist auch der Grund, warum die National-

← In der Burg Nideggen feiert das Rittertum fröhliche Feste. Der charmante Ort ist für seine Fachwerkhäuser bekannt.

parkverwaltung die Aussetzstellen nicht bekannt gibt. Nicht zuletzt dient die Geheimhaltung dem Schutz der Tiere. Darüber hinaus sind die Steinkrebse von der Krebspest bedroht, die durch invasive amerikanische Krebsarten übertragen wird, eine Pilzerkrankung, die für die Edel- und Steinkrebse absolut tödlich ist. In den Gewässern des Nationalparks Eifel sind neben dem Steinkrebs natürlich auch Fischarten heimisch: Es gibt Bachforellen, Bachneunaugen und Dolme.

Bedrohte Wasserwanderung

Besagte amerikanische Krebsarten breiten sich auch im Nationalpark weiter aus. Da der Steinkrebs ein ortstreues Wesen ist, verhindert die Anwesenheit der amerikanischen Krebse in den Hauptgewässern der Eifel die für die weitere Verbreitung des Steinkrebses in andere Nebenflüsse notwendige Durchquerung der größeren Gewässer. Wenn solch gefährliche Artgenossen dort umherziehen, bleibt der Steinkrebs lieber zu Hause – Umzug ade. Doch so schnell geben auch die für das Gewässermanagement im Nationalpark Eifel Verantwortlichen nicht auf. Sie dämmen die weitere Verbreitung der amerikanischen Arten mittels Wanderhindernissen ein, errichten Barrieren und vertrauen ansonsten auf die regulierenden Kräfte der Natur, die im Nationalpark das letzte Wort spricht.

Wer einmal an einem sonnigen Tag weit weg von der Zivilisation inmitten des Nationalparks Eifel an einem kleinen, von Buchen und Birken gesäumten Bach entlangspaziert, dem Rascheln der Blätter und dem leisen Plätschern des Baches lauscht, fern jeder Motoren- und Maschinengeräusche, die ein ständiges Rauschen in unseren Köpfen erzeugen, der wird fasziniert sein von der Stille, den Gerüchen nach Wald, Moos, Pilzen und Kräutern, die sich an den friedlich dahinfließenden Gewässern ausbreiten. Und wenn er zu den Glücklichen zählt, einen kleinen Steinkrebs zu entdecken, wird er von dem Anblick mit Sicherheit so berührt sein, dass er kein Selfie davon machen muss und den Ort verschweigt. Die kleinen bedrohten Krebse werden es ihm danken. Und so wird er auch dafür sorgen, dass man von der kleinsten europäischen Flusskrebsart zwar weiter erzählt, aber aus Respekt ihren Standort nicht ausplaudert.

Wichtige Überlebensräume

Die gesamte Fläche des Nationalparks Eifel beträgt rund 11 000 Hektar. Je nach Höhenlage, geologischem Untergrund sowie früherer Nutzung unterscheiden sich die verschiedenen Klima- und Wasserverhältnisse, Böden oder Nährstoffangebote. In vielen dieser von Wald, Wasser und Wildnis geprägten Lebensräume kommen Tier-, Pilz- und Pflanzenarten vor, die in der Eifel, in Nordrhein-Westfalen, ja in ganz Deutschland in ihrem Bestand gefährdet sind.

↖ Burg Nideggen besitzt nicht nur ein sehenswertes Museum, sondern bietet nach dem Besuch auch hochwertige kulinarische Erlebnisse.
← In kleinen Bächen unter Schatten spendenden Bäumen fühlt sich der scheue Steinkrebs wohl.
↗ Die Mestrenger Mühle ist ein beliebtes Ausflugsziel bei Hürtgenwald mit Restaurant und Cafe.

INFO

MITTELALTERBURG

Wer sich auf die Spuren des Mittelalters begeben will, sollte am Tor zur Eifel das hübsche Städtchen Nideggen und seine Burg besuchen. Seit 1979 beherbergt das Gemäuer im Bergfried das Burgenmuseum Nideggen, das die Besuchenden zum Staunen bringt. Hier erlebt man Licht und Schatten der mittelalterlichen Kultur auf Burg Nideggen hautnah und authentisch. Mit anschaulichen Geschichten und Exponaten taucht man in eine Welt voller spannender Abenteuer und Ritterlichkeit ein.
www.kreis-dueren.de/burgenmuseum

WILDER KERMETER

Der Wilde Kermeter im Herzen des Nationalparks Eifel ist ein bei Einheimischen und Touristen beliebter Natur-Erlebnisraum. Um ihn umweltfreundlich zu erreichen, gibt es den »Kermeter-Shuttle« der Linie 814 von Gemünd zum Kermeter und weiter zum Urftsee. Auch der erweiterte Fahrplan der Buslinie 231 zwischen Gemünd und Heimbach macht die Anreise bequem möglich.
www.nordeifel-tourismus.de

Weitere Informationen findet man unter www.nationalpark-eifel.de

Simonskall ist ein versteckter kleiner Ort in der Eifel im Kreis Düren.

BERGISCHES LAND

FASZINIERENDE WANDER- UND WASSERWELT

Das Bergische Land zwischen Wupper und Sieg wird geprägt vom steten Auf und Ab von Hügeln und Tälern. Der Naturpark Bergisches Land besitzt einen großen Wasserreichtum, der das Gebiet zwischen Wuppertal und Bergisch-Gladbach zum Paradies für Wanderer und Wassersportler macht.

Nicht umsonst war das Bergische Land eines der ersten Industriegebiete in Europa: Das Wasser aus zahlreichen Flüssen wie Wupper und Agger, Wiehl und Dhünn trieb einst die großen Maschinen an. Es gab bereits früh elektrisches Licht, und die Verarbeitung von Eisenerz erlebte in den Tälern zwischen den »tausend Hügeln«, wie man die Region nannte, eine Blütezeit. Doch die Entwicklung ist auch hier weitergegangen. Heute bevölkern zahlreiche seltene Tierarten die Flussauen, Bäche und Tümpel, die das Bergische Land zu einer der wasserreichs-

Die Flüsse Agger, Genkel und Rengse liefern das Wasser für die Aggertalsperre im Oberbergischen Land.
Das hügelige Gebiet wird von Rennradsportlern gerne zum Training genutzt.
Idyllisch gelegene Gasthäuser und Wehre prägen die Wupper.

ten Regionen Deutschlands machen. Allein 17 Stauseen bieten Seglern, Kanuten und Anglern ebenso wie Erholungssuchenden zahlreiche Möglichkeiten, ihre Freizeit in der freien Natur zu verbringen. Und auch Wanderer und Radfahrer zieht es von den Bergen immer wieder ans Wasser, wo sie hier und da noch Relikte der industriellen Vergangenheit – historische Museumshämmer, Schleifkotten (Schleiferwerkstätten) und kleine Handwerksbetriebe – entdecken können. Vor allem dieser Reichtum an Abwechslung macht das Bergische Land so reizvoll.

Während die Wasserratten an den Seen bleiben, tummeln sich die Wanderer in den Höhenlagen. Auf zahlreichen Routen und Touren geht es im »Bergischen Wanderland« und in der Naturregion Sieg durch dichte Mischwälder und idyllische Ortschaften, in denen noch heute Schieferfachwerk das Erscheinungsbild prägt.

Wander- und Radwelt

Der Naturpark verfügt über ausgezeichnete Wanderwege: Mit dem »Bergischen Weg«, dem »Bergischen Panoramasteig« und dem »Natursteig Sieg« gibt es hier im Naturpark drei zertifizierte Qualitätswege. Der »Bergische Panoramasteig« bietet als Rundweg auf 246 Kilometern Länge faszinierende Aussichten über die Bergische Hügellandschaft. Der Wechsel zwischen Wald und Wiesen, Kuppen und Tälern, Talsperren und kleinen Fachwerksiedlungen macht alle zwölf Etappen sehr abwechslungsreich. Der »Bergische Weg« verläuft auf 262 Kilometern von Essen durch das Bergische Land zum Drachenfels in Königswinter. Obwohl etliche markante Orte der Kulturgeschichte wie Schloss Burg oder der Altenberger Dom am Wegesrand liegen, gibt es einen hohen Anteil an naturnahen Wegen. Wer nicht so weit gehen mag/kann: Die »Bergischen Streifzüge« und die »Erlebniswege Sieg« sind zwischen vier und 23 Kilometern lang und haben ebenfalls einen hohen Erlebniswert.
www.naturparkbergischesland.de

21

DAS WESTFÄLISCHE WALDMEER

IM ARNSBERGER WALD

Der Naturpark Arnsberger Wald umfasst rund 600 Quadratkilometer an Fläche und verbindet eines der größten zusammenhängenden Waldgebiete Deutschlands, den Möhnesee, die Ruhr im Bereich Arnsberg und Ortschaften wie Warstein oder Arnsberg zu einem großen Erholungsraum.

Erholungssuchende fanden im Arnsberger Wald schon früh ein vielseitiges Angebot, denn ihm ist das größte Ballungsgebiet Europas vorgelagert. Aufgrund des wirtschaftlichen Aufschwungs und der wachsenden Mobilität im vom Bergbau und der Schwerindustrie geprägten Ruhrgebiet gab es schon in der Mitte des 20. Jahrhunderts Besucher im westfälischen Waldmeer. Die Menschen aus dem Ruhrgebiet freuten sich über frische Luft und sonnige Tage am Möhnesee, und die Einheimischen sahen im Tourismus eine wirtschaftliche Entwicklungsmöglichkeit.

Mystische Sagen und unterirdische Höhlen

Eine der schönsten Aussichten über den Naturpark Arnsberger Wald genießt man vom Lörmecke-Turm bei Warstein und vom Möhnesee-Turm, die beide wie Leuchttürme aus dem Wald ragen. Zwar muss man dafür jeweils mehr als 200 Stufen erklimmen, aber der Aufstieg lohnt sich, denn von oben hat man einen wunderbaren Blick über die hügelige Landschaft des Naturparks. Die beiden beeindruckenden Konstruktionen gehören ebenso wie ein einzigartiger Klangpfad am Ufer des Möhnesees zu den Wahrzeichen der Sauerland Waldroute, die sich auf einer Länge von 240 Kilometern durch riesige Baumhallen und einsame Moorgebiete schlängelt. Begleitet werden die wandernden Gäste dabei auf ihrem Weg vorbei an gewaltigen Felsformationen von schaurig-schönen Geschichten und mystischen Sagen: Vergilbte Pergamentpapiere berichten am Wegesrand von Kobolden, Hexen und Geistern, die einst im westlichen Sauerland ihr Unwesen getrieben haben sollen. Eine geradezu geheimnisvolle Atmosphäre herrscht auch in den zahlreichen unterirdischen Höhlen, die zu den Besonderheiten im Naturpark Arnsberger Wald zählen. Hier erstreckte sich nämlich noch vor Millionen von Jahren ein tropisches Meer. Heute können kleine und große Abenteurer und Forschende die fast zwei Kilometer lange Bilsteinhöhle mit ihren bizarren Kalksteingebilden entdecken.

Rastplatz für Vögel

Sehenswerte Ausflugsziele für Wandernde und Wassersportler sind die zahlreichen Talsperren, die inmitten des Naturparks auftauchen. Zu den größten des Landes gehört die Möhnetalsperre. Am Möhnesee bietet sich im Herbst ein ganz besonderes Naturschauspiel, das nicht nur Ornithologen begeistert: Hunderte Haubentaucher, Kormorane und Kanadagänse kreisen zu dieser Jahreszeit über dem See, bevor sie am Ufer ihr Winterquartier beziehen.

← Im Naturpark Arnsberger Wald stehen die Japanischen Kirschen in voller Blüte. Sie gehören zur Gattung der Rosengewächse.
↓ An einem Sommermorgen genießt man ein Picknick unter schattigen Bäumen.

INFO

LIZ MÖHNESEE

Hier handelt es sich nicht um eine amerikanisch-britische Schauspielerin, sondern schlicht um ein Naturpark-Informationszentrum, das allerdings genauso große Aufmerksamkeit verdient wie einst Dame Elizabeth Rosemond Taylor. Im Landschaftsinformationszentrum Wasser und Wald Möhnesee, wie es vollständig heißt, erfährt man Wissenswertes zur Möhnetalsperre und dem Naturpark Arnsberger Wald. Dabei gerät der Besuch zum interessanten Erlebnis, denn hier wird nicht mit erhobenem Zeigefinger belehrt, sondern mit lebendiger, interaktiver Präsentation über die Naturräume Wasser und Wald informiert. Auch das Gebäude selbst, das restaurierte historische Gebäude der ehemaligen Günner Mühle, ist sehenswert. Und nicht zuletzt wurde hier begleitend ein umweltpädagogisches Angebot für Menschen von zwei bis 99 Jahren entwickelt, das sich sehen lassen kann. www.liz.de

Weitere Informationen findet man unter www.naturpark-arnsberger-wald.de

22

FLACHES WALD- UND SEENLAND

DER NATURPARK SCHWALM-NETTE

Die landschaftlich schönsten Teile des Niederrheins wurden im Naturpark Schwalm-Nette zusammengefasst, der sich entlang der deutsch-niederländischen Grenze erstreckt. Mit seiner Landschaft und der vielfältigen Fauna und Flora ist er ein geeignetes Naturerholungsgebiet.

Vor allem das landschaftlich reizvolle Wechselspiel von Wäldern, offenen Wiesen-, Weide- und Ackerflächen, durchbrochen von zahlreichen kleineren Bächen, Flüssen, Mooren und Seen, bildet eine ideale Erholungslandschaft. Ausgedehnte Wälder entlang der Grenze oder im Bereich der Süchtelner Höhen und des Hardter Waldes bieten allen an ursprünglicher Natur interessierten Gästen Entspannung, Ruhe und Beschaulichkeit. Zudem zeichnet sich die Naturparklandschaft aber auch durch ihre ökologische Bedeutung aus, finden sich doch in diesem Naturraum entlang von Niers, Nette, Schwalm und Rur weitläufige, noch sehr ursprüngliche Feuchtgebiete, die als Amphibienlaich-Gewässer von landesweiter Relevanz sind.

Wasser-Wander-Blicke

Herrliche Aussichten an Flüssen und Seen genießen und Wasservögel aus der Nähe erleben kann man hier genauso wie sich von historischer Baukunst der zahlreichen Wassermühlen oder Napoleons Nordkanal beeindrucken lassen. An 25 Stellen mit besonders faszinierenden Ausblicken auf die Gewässer gibt es QR-Codes, über die man weitere spannende Informationen zu der jeweiligen Gegend abrufen kann. Ein dichtes Netz ausgewiesener Wanderwege erschließt dem Besucher einen attraktiven Erholungsraum. Darüber hinaus gibt es neun zertifizierte und grenzüberschreitende Premium-Wanderwege, die mit ganz unterschiedlichem Charakter verzaubern und zwischen sechs und knapp 20 Kilometer lang sind.

Auszeit vom Alltag

Die Faszination des Niederrheins entdeckt man in der zauberhaften Natur zwischen Rhein und Maas, ein attraktives Ziel für Wanderer und Radfahrer. Besonders schöne Wanderwege findet man etwa im Kreis Viersen. Und es müssen nicht immer die Premium-Wanderwege sein, die hier herrliche Naturerlebnisse bieten. Abseits der großen Routen gibt es wunderschöne Strecken, so etwa der zehn Kilometer lange Rundweg »Kleiner Grenzverkehr« in Niederkrüchten, wo man mal auf der deutschen, mal auf der niederländischen Seite der Grenze wandert und mit dem ehemaligen britischen Militärflughafen Javelin Barracks einem ganz besonderen Zeugnis der militärischen Vergangenheit dieser Region begegnet. Intensive Einblicke in die Tier- und Pflanzenwelt bietet der acht Kilometer lange Wanderweg »Heide, Schwalm & Moor«, der durch den Elmpter Schwalmbruch führt und auf dem man der Heidelandschaft näherkommt.

INFO

RAD-KNOTENPUNKTE

Für Radfahrer ist der Niederrhein ein wahres Paradies. Es gibt kaum Hügel, daher ist die Region auch für alle, die Fahrradurlaube planen, so attraktiv. Die Wege führen durch Wälder und Felder vorbei an Seen und entlang von Flüssen hin zu historischen Altstädten, Märkten, Schlössern und Burgen. Über 2000 Kilometer lang ist das Radwegenetz. Kompass oder Karten braucht man nicht, denn das Wegenetz ist mit einem Knotenpunktsystem bestens ausgeschildert.

WANDERSTIEFEL GESCHNÜRT

Rund um Brüggen bietet der Naturpark beste Wandermöglichkeiten. Eine kurze Runde führt zum Beispiel um den Borner See, die sich aber auch durch eine Wanderung um den Hariksee erweitern lässt. Oder man entdeckt auf der Route von der »Waage Bracht zum Weißen Stein« die für das Grenzland typischen Ton- und Kiesgruben.

Weitere Informationen findet man unter www.niederrhein-tourismus.de

← Die Krickenbecker Seen liegen am linken Ufer des Niederrheins. Hier wurde bis ins 19. Jahrhundert Torf abgebaut.
↑ Durch den Naturpark Schwalm-Nette führt ein erlebnisreicher Mühlen-Pfad-Wanderweg vorbei an Bächen, Seen und Mischwäldern.

Die Seen- und Waldlandschaft des Niederrheins erstreckt sich bis zur niederländischen Grenze. Hier kann man ungestört durch ursprüngliche Natur wandern.

23

SAGENUMWOBENES MÄRCHENLAND

NATURPARK SIEBENGEBIRGE

Der Name des ältesten Naturparks in Nordrhein-Westfalen führt ein wenig in die Irre, denn die sieben Berge, die in seinem Namen auftauchen, sind eigentlich 42 Erhebungen, die von Vulkanen ausgeformt wurden. Oberhalb der Rheinauen zwischen Bonn und Bad Honnef bieten sie großartige Panoramen.

Vom 461 Meter hohen Oelberg, der höchsten Erhebung im Naturpark Siebengebirge, hat man bei klarem Wetter einen traumhaften Blick bis zum Kölner Dom und über das Rheintal und den Westerwald hinweg bis in den Taunus. Die atemberaubende Kulisse, die durch die Löwenburg und das Gründerzeitschloss Drachenburg mit seinen Gartenanlagen, den Petersberg und die ausgedehnten Buchen- und Eichenwälder geprägt wird, ist schon seit jeher ein Besuchermagnet für Gäste aus aller Welt. Dabei spielt das Siebengebirge in der deutschen Naturschutzgeschichte und unter den deutschen Naturparken eine besonders herausragende Rolle. Der Ankauf des Drachenfels durch den preußischen Staat 1836, in dessen Folge die Steinbrüche im Siebengebirge ihren Betrieb einstellten, wird bis heute als erster Sieg der Idee des Landschafts- und Naturschutzes gewertet, der sich über wirtschaftliche Interessen hinwegsetzte.

Zu den Protagonisten der Naturschutzentwicklung gehörte vor allem auch der »Verschönerungsverein für das Siebengebirge«, der 1869 von besorgten Naturfreunden gegründet wurde, die sich um den Erhalt der Natur in dieser Region große Sorgen machten. Der Verein erwarb nach und nach das 8,5 Quadratkilometer große Kernstück des heute 112 Quadratkilometer großen Naturparks, das bereits 1923 als Naturschutzgebiet ausgewiesen wurde. 2010 wies der Verein auf mehr als der Hälfte seiner Fläche das erste private Wildnisgebiet außerhalb von Nationalparks aus. In diesem Bereich wird seitdem auf jegliche Waldbewirtschaftung verzichtet und die Natur sich selbst überlassen.

Schloss Drachenburg

Auf halber Höhe des Drachenfels erhebt sich das Schloss Drachenburg. Das Juwel der Rheinromantik bietet eine Vielzahl verschiedener repräsentativer Räume und eine gepflegte Garten- und Parkanlage, die von der Venusterrasse überragt wird. Wahre Highlights sind zudem die faszinierende Aussicht von Nordturm und Westterrasse. Ein Besuch des Drachenfels mit Besichtigung des Schlosses ist immer wieder einen Ausflug wert. Beim Anblick der Siebengebirgslandschaften gerieten Maler, Dichter und Reisende aus aller Welt bereits seit Jahrhunderten ins Schwärmen: Schluchtenartige Täler, dicht bewaldete Gipfel, raue Felsen und ein großer Tier- und Pflanzenreichtum prägen das Siebengebirge. Seine Lage hoch über dem Rhein trägt zusätzlich zu dieser Faszination bei. Kein geringerer als der deutsche Naturforscher Alexander von Humboldt war von dem »Hochgebirge im Kleinen« derart überwältigt, dass er es überschwänglich als das achte Weltwunder bezeichnete.

→ Oberdollendorf ist ein schönes Winzerstädtchen am Rande des Siebengebirges.

← Schloss Drachenburg ist untrennbar mit der Rheinromantik und der Sagenwelt am Drachenfels über Königswinter verbunden.
↙ In Bonn versteckt sich Ludwig van Beethoven im Garten des Beethoven-Hauses.
↘ Vom Drachenfels aus überblickt man das Rheintal und versteht, was mit Vater Rhein gemeint ist.

Das Mittelgebirge erstreckt sich rechtsrheinisch südöstlich von Bonn und liegt im Rhein-Sieg-Kreis auf dem östlichen Gebiet der Städte Königswinter und Bad Honnef.

Steinbruchzeiten

Heute besitzt das Siebengebirge einen umfassenden Schutzstatus, weshalb die bewaldete Hügellandschaft einen wertvollen Lebensraum für zahlreiche auch seltene Tiere und Pflanzen darstellt. Was heute ein Naturschutzgebiet ist und als Nordrhein-Westfalens erster Naturpark und erstes Wildnis-Gebiet bezeichnet werden kann, wurde zwei Jahrtausende lang jedoch vor allem eins: ausgebeutet. Denn das vielfältige Gestein des Siebengebirges war bei Bauherren überaus beliebt. Schon die Kelten nutzten es, um im ersten Jahrhundert vor Christus einen Ringwall auf dem Petersberg zu errichten. Auch die Römer und später zahlreiche Kirchen- und Schlossbauherren in Köln, Aachen, Brühl und Xanten griffen gerne auf das Gestein aus dem Siebengebirge zurück. So wanderten die Steine unter anderem in die Bauten der Barockschlösser Nordrhein-Westfalens, etwa in die UNESCO-Welterkulturbestätte Augustusburg und Falkenlust. Auch der Basaltabbau für die Errichtung von Festungen und Uferbefestigungen sowie für Eisenbahnschotter schlug große Wunden in die Landschaft.

Natur- und Weinparadies

Heute ist davon jedoch so gut wie nichts mehr zu sehen, denn die Natur hat sich die ehemaligen Steinbrüche eindrucksvoll zurückerobert. Über 80 Prozent des Siebengebirges ist inzwischen wieder bewaldet, der nährstoffreiche Waldboden lässt viele Pflanzenarten bestens gedeihen und bietet damit auch Tieren Nahrung. Rund 800 Pflanzenarten wurden hier inzwischen entdeckt, etwa 50 von ihnen stehen auf der Roten Liste der bedrohten Arten in Nordrhein-Westfalen. Viele seltene Tiere wie der Schwarzspecht oder die Zippammer haben sich in den Laubwäldern niedergelassen. Und sogar die sogenannten Ofenkaulen, in denen einst Tuffstein für Backöfen abgebaut wurde, haben sich in Unterschlüpfe für Tiere verwandelt. Hier beziehen Fledermäuse ihr Winterquartier. Neben den bewaldeten Hügeln sind es aber auch Streuobstwiesen, Gärten, Felswände, kleine Wasserläufe und Weinberge, die das Landschaftsbild prägen. Und natürlich trägt auch der Rhein, der sagenumwobene Fluss, dazu bei, dass im Siebengebirge Wanderer ein idyllisches Ausflugsziel finden. Das gilt in besonderer Weise auch für den charmanten Weinort Oberdollendorf, der einen zwei Kilometer langen Weinwanderweg besitzt. Dieser führt durch die rund acht Hektar große Rebanbaufläche mit den Lagen Laurentiusberg, Rosenhügel und Sülzenberg. Hier wachsen ausgezeichnete Riesling, Weiß- und Spätburgunder-Trauben heran.

INFO

KLOSTER HEISTERBACH

Zwischen Oberdollendorf und Heisterbacherrott gelegen, stellt die Klosterruine Heisterbach eine Oase der Ruhe und Beschaulichkeit dar. Hier kann man auf mehreren Wanderwegen den Spuren der Mönche folgen. Die Anlage wird bestimmt von einer Ruine der ehemaligen Zisterzienserabtei, die auf das frühe 13. Jahrhundert zurückgeht. Mit stolzen 88 Metern Länge übertraf dieses Gebäude alle romanischen Kirchen Kölns, außer dem damaligen Dom. Über einen Zeitraum von 600 Jahren prägten hier die Mönche die Region, bis im Jahr 1803 auch das Klosterleben in Heisterbach sein Ende fand.
www.abtei-heisterbach.de

FAHRRADBUS

Von April bis November fährt an allen Wochenenden sowie an gesetzlichen Feiertagen der Fahrradbus der Rhein-Sieg-Verkehrsgesellschaft, sodass Radler bequem einen Teil der Siebengebirgsstrecke mit dem Bus zurücklegen können. Er verkehrt auf den Linien 521, von Oberpleis Busbahnhof über Ittenbach bis Königswinter Bahnhof, und auf der Linie 561, von Wülscheid über Himberg, Ittenbach bis nach Königswinter Bahnhof. Der Fahrradträger am Heck des Busses bietet Platz für fünf Räder.
www.rsvg.de/service/fahrradbus-2022

Weitere Informationen findet man unter www.naturpark7gebirge.de

Die Parkanlagen um Kloster Heisterbach beeindrucken mit mächtigen Baumriesen.

24

KLETTERN IM FELSENLAND

NATURPARK SAUERLAND ROTHAARGEBIRGE

Grüne Täler, bewaldete Höhen und zahlreiche Talsperren machen den Naturpark Sauerland Rothaargebirge zu einem ganz besonderen Ausflugsziel. Zum zweitgrößten Naturpark Deutschlands gehören das Sauerland, Siegerland, Wittgensteiner Land und die Medebacher Bucht.

Die wohl bekanntesten Wanderwege in der Region sind der Rothaarsteig und der Sauerland-Höhenflug. Der Rothaarsteig, der auch »Weg der Sinne« genannt wird, zählt zu den »Top Trails of Germany« und gehört damit zu den 16 schönsten und erlebnisreichsten Fernwanderwegen in ganz Deutschland. Er zeichnet sich durch besonders naturnahe Wege und Pfade aus.

Bruchhauser Steine

Als Zeugen vulkanischer Aktivitäten und Rückzugsort für seltene Tiere, etwa Wanderfalken, Eulen oder Uhus, sind die vier Bruchhauser Steine nordöstlich von Olsberg ein beeindruckender Naturschatz. Seit 2017 sind die 92 Meter hohen Felssäulen, die vor Millionen von Jahren durch Vulkane, Erosionen und Faltungen der Erdschichten entstanden sind, das erste »Nationale Naturmonument« in Nordrhein-Westfalen. Auch die in dieser Gegend sonst nicht vorkommenden arktisch-alpinen Pflanzen machen die Bruchhauser Steine für Naturkundler zu einer Pilgerstätte. Und die Wallanlagen aus der Eisenzeit ziehen Kulturhistoriker in ihren Bann, denn Funde deuten darauf hin, dass sich dort in vorchristlicher Zeit eine bedeutende Kultstätte befand.

Klettern zum Gipfelkreuz

Die meisten Besucher freuen sich jedoch über eine kleine Kletterpartie und die wunderbare Aussicht von oben, denn einer der vier Felsen darf bestiegen werden: Eine in den Stein geschlagene Treppe führt hinauf zum Gipfelkreuz des Feldsteins, der mit seinen 45 Metern über dem Erdboden zwar der niedrigste Felsen der Formation ist, dank seiner Lage aber zugleich den höchsten Punkt des Istenberges bildet. Auch seine drei Nachbarn haben Besonderheiten zu bieten. Der mit 92 Metern höchste Felsen hat nach einer Wasseransammlung auf dem Gipfelplateau den Namen Bornstein bekommen, weil Born »Quelle« bedeutet. Der 72 Meter hohe Ravenstein zeigt noch Spuren eines Vulkanausbruchs: Auf seiner Nordseite sind verfestigte Aschen und Magma-Reste zu sehen. Der 60 Meter hohe Goldstein schließlich verdankt goldgelb schimmernden Quarzadern seinen Namen.

Viele seltene Tiere leben im Naturpark Sauerland Rothaargebirge, so etwa die wilden Wisente in den Wittgensteiner Wäldern. Den Namen »Toskana des Sauerlandes« erhielt die Medebacher Bucht rund um den Ort Medebach aufgrund des milden Klimas. Hier sind seltene Vogelarten wie der Neuntöter oder die Dorngrasmücke zu Hause.

INFO

ORKANWEGE UND HOCH HINAUS

Eine Attraktion am Rothaarsteig ist der rund einen Kilometer lange Kyrill-Pfad, der auf Stegen und Trittleitern an entwurzelten Bäumen vorbeiführt und die Naturgewalt des schweren Orkans »Kyrill« von 2007 nachvollziehbar macht – ein unvergessliches Erlebnis, denn der Pfad führt die Kraft der Natur eindringlich vor Augen. Der Sauerland-Höhenflug dagegen ist etwas für richtige Gipfelstürmer. Auf über 250 Kilometern können Wanderer atemberaubende Ausblicke über Täler und weite Landschaften genießen. Zudem geht es an einer der schönsten Höhenburgen Deutschlands vorbei, der Burg Altena, die hoch über der gleichnamigen Stadt thront. Auf dem Sauerland-Höhenflug, dem Rothaarsteig und der Sauerland-Waldroute gibt es lehrreiche Ranger-Führungen, die für Erwachsene und Familien angeboten werden.

Weitere Informationen findet man unter www.naturpark-sauerland-rothaargebirge.de

← Im Naturpark Sauerland Rothaargebirge überblickt man vom Wildewiese-Aussichtspunkt das wunderbare Hügelland.
↑ Der Herbstwald am Rothaarsteig bei Lennestadt zeigt sich in seiner ganzen farblichen Pracht.

Der Hohe Meißner ist ein 754 Meter hoher Gebirgszug im Osthessischen Bergland. Er gilt als Inspirationsquelle des Märchens der Brüder Grimm über Frau Holle.

DIE MITTE

Geprägt von der Mittelgebirgsschwelle ist das Zentrum Deutschlands geologisch der älteste Naturraum des Landes

25

WÄLDER, KUPPEN, WIESENTÄLER

IM NATURPARK KNÜLL

Was lange währt, wird endlich gut – der nordhessische Knüll wurde 2021 geadelt und darf sich seitdem offiziell Naturpark Knüll nennen. Die ersten Schritte auf diesem Weg wurden bereits 1969 vollzogen. Mit dem jüngsten Naturpark Hessens hat das Bundesland nun insgesamt 13 Naturparks.

Und der 13. ist ein Glücksfall. Bewaldete Kuppen wechseln sich mit idyllischen Wiesentälern ab, Dörfer und Kleinstädte, die sich einen authentischen Charakter erhalten konnten, laden zum Entschleunigen ein. Die in großen Teilen unzerschnittene Naturlandschaft bietet ideale Voraussetzungen zum Wandern und Radfahren. Da Naturparks besonders dem sanften Tourismus und der Erholung dienen, ist es nur folgerichtig, dass der Knüll nun nach 52 Jahren endlich als Naturpark anerkannt wurde.

Landschaftsvielfalt

Im Naturpark Knüll werden mit den »Fabelwegen« ab dem Jahr 2022 insgesamt 20 neue Premium-Wanderwege geschaffen, die alle vom Deutschen Wanderinstitut zertifiziert sind und nach und nach eröffnet werden. So entsteht ein bisher unberührtes Netz an Wegen, auf denen Wandersleute keinen Massentourismus fürchten müssen. Die neuen Fabelwege führen durch idyllische Bachtäler, urige Wälder, vorbei an Blumenwiesen, seltenen Orchideen und historischen Mühlen. An vielen Stellen hat man wunderbare Fernblicke zu den umliegenden Mittelgebirgen Rhön, Vogelsberg, Kellerwald, Kaufunger Wald, Habichtswald, Hoher Meißner und zum Thüringer Wald. Der »Hutewaldweg« zum Beispiel führt über 10,7 Kilometer vom Parkplatz Stützengrund bei Rengshausen Richtung Norden und um den Mühlberg herum wieder zurück in den beschaulichen Ort. Unterwegs trifft man auf die »Traubeneiche«, einen imposanten, 400 Jahre alten Baumriesen. Auch mit diesem Wanderweg unterstreicht der Knüll seinen Charakter: intakte Natur in ihrer Wildheit und Ursprünglichkeit zu bewahren.

Natur und Kultur

Neben dem sanften Tourismus und der Erholung sind Naturparks auch zuständig für Bildungsangebote, für nachhaltige Entwicklung und den Schutz der Natur- und Kulturlandschaft. So kann man etwa auf einer geführten Wanderung die »Raboldshäuser Dorfgeschichte« erleben. Flachsanbau, Waldglashütten und Siedlungsgeschichte prägen Wälder und Wiesen rund um den schönen Ort Raboldshausen. Im Rahmen der Führung nimmt ein Naturparkführer die Teilnehmenden mit auf eine Wanderung rund um das Dorf, das stellvertretend für viele Orte im Knüll steht. Dabei erwandert man nicht nur die ursprüngliche Naturlandschaft dieses Knüllgebietes, sondern erfährt auch noch Wissenswertes über die Lebensbedingungen des ländlichen Raumes in Vergangenheit und Gegenwart.

← Rund um den Eisenberg im osthessischen Landkreis Hersfeld-Rotenburg. Auf seinem Gipfel steht der 25 Meter hohe Borgmann- Aussichtsturm.
↓ Der hübsche Fachwerk-Ort Oberaula liegt im Schwalm-Eder-Kreis, ein erholsamer Luftkurort.

INFO

WANDERWEGE

Ein besonderes Erlebnis im Naturpark Knüll sind die zertifizierten Premiumwanderwege. Da gibt es etwa den Wanderweg »Lochbachpfad«, eine mittelschwere, neun Kilometer lange Wanderung, auf der ein Höhenunterschied von 210 Metern zu überwinden ist. Er führt durch die Wildbachschlucht, eine wildromantische Klamm mit plätscherndem Bach, bizarren Steinen und Holzbrücken. Am Wegesrand wachsen wilde Orchideen, und immer wieder eröffnen sich beeindruckende Blicke .

EISENBERG

Der Eisenberg ist mit 636 Metern die höchste Erhebung im Knüllgebirge, er belohnt mit fantastischen Fernblicken während des Aufstiegs. Auf dieser Sieben-Kilometer-Tour kann man bei guter Sicht bis in die Rhön, zum Vogelsberg, zum Kellerwald, zum Hohen Meißner und Thüringer Wald blicken. Ein charmantes Landhotel am Fuße des Eisenbergs ist das ausgezeichnete Vier-Sterne-Hotel Parkhotel zum Stern in Oberaula. www.hotelzumstern.de

Weitere Informationen findet man unter www.knuell.de

26

ERLEBNISSE AUF DEM VULKAN

VULKANREGION VOGELSBERG

Heiß ging es einst her in der Region Vogelsberg – vulkanisch eben, denn der Vogelsberg ist Europas größtes Vulkangebiet. Vor 15 bis 18 Millionen Jahren strömte immer wieder heiße Lava aus den Bergkuppen und Gesteinsspalten, der von dunklen Aschewolken bedeckte Himmel machte Leben in dieser unwirtlichen Region unmöglich.

Man kann es kaum glauben: Nur eine halbe Stunde Fahrt von der Metropole Frankfurt mit ihren Wolkenkratzern entfernt liegt mit der Vulkanregion Vogelsberg ein Naturraum, der eine bewegte Geschichte besitzt. Denn aus einem lebensfeindlichen Gebiet, in dem es einst spuckte und brodelte, wurde im Laufe der Erdgeschichte eine Natur- und Kulturlandschaft, die heute allen Naturfreunden, Großstadtflüchtenden und Erholungssuchenden beste Voraussetzungen bietet, abseits des Trubels neue Kräfte zu sammeln.

Von Gipfel zu Gipfel

Rund um den 700 Meter hohen Vogelsberg findet man eine abwechslungsreiche Landschaft, die ihresgleichen sucht: Ausgedehnte Wälder, parkartige Landschaften und von Hecken gesäumte Wanderwege wechseln sich ab mit Weiden, auf denen Schafe grasen, und Seen, die man umrunden kann. Hinzu kommen überraschende Fernsichten, die den Blick frei geben bis nach Frankfurt und zu den Mittelgebirgen der Rhön. Für Wandernde empfiehlt sich die »Schottener Gipfeltour«, die vorbei an archaischen Basaltbrocken zu den Gipfeln des Vulkangebietes führt. Auf ihren 14 Kilometern erwandert man vier Gipfel, darunter den Hoherodskopf, der gleich zu Beginn der Tour für faszinierende Aussichten sorgt. Wer weniger Zeit zur Verfügung hat, wählt den nur halb so langen »Höhenrundweg«, der eine abwechslungsreiche Wanderung zwischen Niddaquelle, Geiselstein und Herodeskopf verspricht. Beide Touren sind wegen der benutzerfreundlichen Markierungen und des besonderen Erlebnischarakters vom Deutschen Wanderinstitut als Premium-Wanderwege ausgezeichnet.

Nationaler Geopark

Feuer und Wasser, diese Elemente erschufen und prägten den Vogelsberg. Geadelt zum Nationalen Geopark kann hier die wechselhafte Geschichte der Vulkanregion Vogelsberg erkundet werden. Heute zeigt sich der Vogelsberg von seiner lieblichen Seite: Sanfte Berge, kleine Flüsschen, klare Seen und eine vielfältige Tier- und Pflanzenwelt prägen die Mittelgebirgslandschaft. Der Geopark hat sich der Aufgabe angenommen, die geologischen und vulkanologischen Besonderheiten der Vulkanregion zugänglich zu machen. Dazu werden Geotope mit informativen Tafeln ausgestattet, thematische Rad- und Wanderwege entwickelt und anschauliche Infomaterialien erstellt. Georouten und geführte Wanderungen runden das Angebot ab.

INFO

ÜBERNACHTEN
Göttliche Stille und ein grandioser Ausblick: Abtauchen in die ursprüngliche Natur am Antrifftal-Stausee kann man im Seehotel Michaela, nur sechs Kilometer entfernt von der Fachwerkperle Alsfeld, durch deren Altstadtbereich man schlendern sollte.
www.seehotel-michaela.de

VULKANTHERME
Entspannung pur heißt es in der Vulkantherme Herbstein. Einst schoss hier Lava aus dem Boden, heute strömt warmes Thermalwasser in die Vulkan-Therme. Erholung bietet sich hier nach einer Wanderung durch den Geopark Vulkanregion Vogelsberg an.
www.herbstein.de

Weitere Informationen findet man unter
www.vogelsberg-touristik.de

← Auch auf vulkanischem Gesteinsboden wachsen Wälder ausgezeichnet, naturnahe Waldbewirtschaftung gehört dazu.
↑ Die Sonne scheint auf eine stolze Fläche von 883 Quadratkilometer des Naturparks Vulkanregion Vogelsberg.

YUMA

27

SCHUTZGEBIET MIT WELTERBESTATUS

NATIONALPARK KELLERWALD-EDERSEE

Der Nationalpark Kellerwald-Edersee wurde im Jahr 2004 auf einer Fläche von 5738 Hektar gegründet. Im Oktober 2020 wurde er erweitert und umfasst heute auch die Steilhänge nördlich und östlich des Sees. Dadurch kann man jetzt um den ganzen Edersee wandern und die einzigartige Natur erleben.

Neben den Gebieten des UNESCO-Weltnaturerbes am Südufer des Edersees sind durch die Erweiterung der Nationalparkfläche wertvolle Kalkbiotope und spezialisierte Arten wie Orchideen, Enziane, Prachtnelke, Weiße Segge oder Felsenfingerkraut sowie zusätzliche zehn sogenannte Urwaldreliktarten in das Großschutzgebiet hinzugekommen. Die Steilhänge nördlich und südlich des Sees haben jeweils ihren ganz eigenen Charakter, hervorgerufen durch verschiedene mikroklimatische Bedingungen: Während es am Südufer eher feucht und schattig ist, herrscht am Nordufer ein sonniges und trocken-mediterranes Mikroklima. So werden ganz unterschiedliche Wandererlebnisse auf relativ kleinem Raum möglich: Unter riesigen, jahrhundertealten Buchen am Südufer oder inmitten von knorrigen, bonsaiähnlichen uralten Eichen am Nordufer kann man die wilde, unberührte Natur hier hautnah erleben.

Hessens einziger Nationalpark liegt im Norden des Landes am Edersee, zu seinen Besonderheiten gehört einer der letzten alten, zusammenhängenden Buchenwälder Europas.

← Die 5400 Einwohner zählende Nationalparkgemeinde Vöhl am Edersee ist ein beliebtes Wassersportrevier.

Ein Großteil der Bäume in diesem Gebiet ist über 150 Jahre alt. Je nach Standort bilden sie einen Wald aus mächtigen Bäumen mit geraden, glatten oder auch grauen Stämmen. Manche krallen sich bizarr geformt und niedrig gewachsen an steile Hänge, die zum See hin abfallen. Die Landschaft ist geprägt von Bergen und tief eingeschnittenen Tälern und gleicht von oben betrachtet einem wogenden Buchenmeer. In diesem Schutzgebiet befinden sich Lebensräume für seltene Arten, besonders für solche, die auf altes und sich zersetzendes Holz angewiesen sind. Es gibt über 1000 Quellen mit klarem Wasser, steile, felsige Blockhalden, Urwaldrelikte an den Steilhängen und viele Stellen, an denen die Wildnis sich ungestört entfalten kann.

Geschützte Tierwelt

Im Schutzgebiet sind 19 der 20 in Hessen vorkommenden Fledermausarten nachgewiesen, außerdem 31 Urwaldreliktarten, zu denen auch der Veilchenblaue Wurzelhalsschnellkäfer zählt. Teile des Nationalparks, in denen die Buchen zum überwiegenden Teil bereits über 200 Jahre alt sind, wurden 2011 von der UNESCO ausgezeichnet: Sie gehören zum transnationalen Welterbe »Alte Buchenwälder und Buchenurwälder der Karpaten und anderer Regionen Europas«. Diese etwas sperrige Bezeichnung sollte niemanden davon abhalten, sich dieses Naturschauspiel anzusehen, denn den Buchenurwald zu durchstreifen, ist ein faszinierendes Erlebnis. Die ausschließlich in Europa vorkommende Rotbuche wächst im Kellerwald auf Tonschiefer und Grauwacke, Sandstein von grauer bis grüngrauer Farbe. Mit diesen bodensauren Buchenwäldern ergänzt der Nationalpark das Gesamtbild der europäischen Buchenwälder.

Der Veranstaltungskalender des Nationalparks bietet Besuchenden vielfältige Natur- und Nationalpark-Erkundungen. So lassen sich auf geführten Wanderungen in den Buchenwäldern, entlang von Blockhalden, felsigen Hängen, aber auch Resten von seltenen historischen Kulturlandschaften zu jeder Jahreszeit neue spannende Details in dieser wieder entstehenden Wildnis entdecken.

Information als Auftrag

Die verschiedenen Informationseinrichtungen des Nationalparks machen deutlich, dass man sich hier neben dem Natur- und Artenschutz vor allem auch um eine möglichst breite Informationsvermittlung für die Besucher kümmert. So gibt es drei Einrichtungen, die das Schutzgebiet einrahmen: Da ist zunächst das NationalparkZentrum Kellerwald in Vöhl-Herzhausen mit einer multimedialen Ausstellung, die den Gästen die Wildnis des Nationalparks näherbringt. Die interaktiven Exponate sind für tatkräftige und neugierige Gäste ausgelegt, die das Wesen der Buchenurwälder entdecken wollen. Auch der WildtierPark Edersee mit dem BuchenHaus in Edertal-Hemfurth lohnt einen Besuch. Er zeigt eindrucksvoll das Leben von heimischen und ehemals heimischen Wildtieren der europäischen Buchenwälder. In großen Gehegen leben Wolf, Luchs und Wildkatze, Wisent, Rothirsch und Tarpane. Das Damwild im begehbaren Gehege ist zum Greifen nahe. Das Schaufüttern der Wölfe, Luchse und Otter sowie die Flugschau der Greifenwarte sollte man nicht verpassen. Und auch die KellerwaldUhr in Frankenau bietet mit »WaldMensch im Feuerkreis« eine interessante Ausstellung zur Waldgeschichte, zum Wandel der Beziehung zwischen Mensch und Wald im Uhrzeigersinn. Mit Dioramen, Drehtafeln, Gucklöchern, Klappen, Monitoren und Audioelementen kann hier alles interaktiv entdeckt werden. Das Feuer im Miteinander von Wald und Mensch spielt dabei die zentrale Rolle und bildet das symbolische Zentrum der Ausstellung.

Erlebnisreiche Rangertouren

Den Nationalpark, die Buchenwälder im Mittelgebirge und die imposanten Eichen- und Kalkbuchenwälder an den Edersee-Hängen kann man auf eigene Faust auf gut ausgeschilderten Wanderwegen erkunden. Wer den Nationalpark auf einer geführten Tour erleben will, für den stehen an allen Wochenenden ein Rangerteam oder Nationalparkführer und -führerinnen durch das Schutzgebiet bereit. Drüber hinaus gibt es in der Hauptsaison weitere Angebote auch an Wochentagen. Die meisten Exkursionen laufen klassisch auf Schusters Rappen ab, Entdeckungstouren sind aber auch auf dem Fahrrad oder dem Planwagen möglich. Erlebnistage im WildtierPark Edersee und im BuchenHaus mit seiner WildnisSchule, Führungen durch die Ausstellung der KellerwaldUhr oder das NationalparkZentrum Kellerwald sowie das jährliche Nationalparkfest runden das vielfältige Veranstaltungsangebot ab.

← Auch im Winterhalbjahr bietet der Nationalpark Kellerwald-Edersee attraktive Wanderrouten durch unberührte Natur.
↗ Auf den Kuppen und Hochflächen des Nationalparks dienten Hutewälder der Beweidung und Viehhaltung.

INFO

ALLES AUF DEM KOPF

Manchmal ist es hilfreich, sich auf den Kopf zu stellen. Das ist eindrucksvoll an der Tourist-Info in Affoldern zu sehen, wenn man das »Tolle Haus am Edersee« besichtigt. Denn hier steht wirklich alles auf dem Kopf, das gesamte Haus außen und das Mobiliar im Inneren. Sorgen muss sich keiner machen, denn die Begehung ist völlig gefahrlos möglich. Nur die Perspektive wechselt eindrucksvoll. www.das-tolle-haus-am-edersee.de

BAUMKRONENWEG

Schon von Weitem ist die tulpenartige Holzkonstruktion des TreeTopWalk auf dem Eschelberg am Edersee zu sehen. Über den Eichhörnchenpfad erreicht man den Baumkronenweg, der zunächst auf Bodenhöhe ansetzt. Die Stahl- und Holzkonstruktion schafft ein außergewöhnliches Ambiente, inspiriert durch den afrikanischen Kontinent. Während des Spaziergangs findet man sich plötzlich inmitten der Baumwipfel wieder und erlebt den Wald aus einer besonderen Perspektive. Am Ende führt der Weg bis über die Baumwipfel zu einer Aussichtsterrasse mit traumhaften 360-Grad-Blick über den Edersee. www.baumkronenweg.de

Weitere Informationen unter www.nationalpark-kellerwald-edersee.de

Am Edersee fühlen sich auch Angler/innen wohl. Hecht, Zander, Karpfen und Barsch sind hier zu fangen.

28

VOM WALD ZUM WEIN

DER NATURPARK RHEIN-TAUNUS

Der Naturpark Rhein-Taunus wird geprägt vom Wechsel zwischen Wasser, Wald und Wein. Sein wildes Herz schlägt im größten Waldgebiet Hessens, dem Hinterlandswald. Dort findet man eine Schatztruhe biologischer Vielfalt und zugleich den größten zusammenhängenden Naturraum in Hessen.

Ein Naturpark lebt vor allem von seinem Abwechslungsreichtum, und was diesen betrifft, hat der Naturpark Rhein-Taunus einiges zu bieten. Ein steter Wechsel von Stadt, Land und Fluss, von Wäldern, Wiesen und Weinlandschaften machen seinen besonderen Reiz aus. Ob Rhein, Taunus oder Wiesbaden, die Aar oder die wildromantische Wisper: An vielfältigen Landschaftsbildern und Sehenswürdigkeiten gibt es im Naturpark Rhein-Taunus keinen Mangel. Er bietet nicht nur Naturerlebnisse für alle Sinne, sondern es warten, eingebettet in das sanfte Mittelgebirge im Rheingau oder an der Idsteiner Senke, lebendige Städte und Dörfer auf Liebhaber von Fachwerk, Schlössern und Burgen. Und zu Füßen des Taunus ist es im wahrsten Sinne des Wortes nur ein kleiner Schritt aus der Naturlandschaft des Naturparks hinein in die sehenswerte Kultur und Architektur der Landeshauptstadt Wiesbaden.

Entspanntes Naturerlebnis

Die Naturparkregion zwischen Lorchhausen und Steinfischbach, Michelbach und Wiesbaden bietet besonders im Frühling ein erholsames und belebendes Naturerlebnis, gewürzt mit frischer Frühlingsluft. Also die Wanderschuhe schnüren oder aufs Fahrrad steigen: Bei einer Tour durch die Waldgebiete, durch Wiesen und Felder von Rheingau und Taunus kann man nicht nur der Hektik des Alltags entfliehen, sondern auch tief durchatmen und die gute Luft genießen.

Ob besinnlicher Spaziergang oder sportliche Tour auf dem Fahrrad, im Naturpark Rhein-Taunus wird entspanntes Erleben der Natur großgeschrieben. Wer früh aufbricht, um bei der Wanderung die blaue Stunde mit Sonnenaufgang und dem Konzert der Vögel zu erleben, findet dazu im Naturpark wundervolle Plätze. Aber auch ein Spaziergang zur Mittagszeit mit einer Rast auf einer der Liege-Spiel-Picknickwiesen des Naturparks ist ein Genuss, ebenso wie nach einer Wanderung auf der Via Mattiacorum bei einem Glas Wein auf der Bank am Wegesrand den Sonnenuntergang zu erleben – es gibt viele attraktive Möglichkeiten, den Naturpark intensiv zu entdecken.

Wandern und Wein

Eine Besonderheit im Naturpark sind die attraktiven Wander- und Radwege mit fantastischen Ausblicken. Neben bekannten Routen wie dem Rheinsteig oder dem Limeserlebnispfad gibt es aber auch Geheimtipps wie den Wispertalsteig oder den Gebückwanderweg, der den Verlauf der mittelalterlichen Landwehr des Rheingaus nachzeichnet. Von Walluf ausgehend, führt der Weg über die Höhen des Rheingaugebirges bis nach Lorchhausen am Rhein. Insbesondere die

→ Oberhalb von Rüdesheim thront Germania, ein imposantes Denkmal des Deutschen Kaiserreichs.

ZUM ANDENKEN
AN DIE EINMUETHIGE
SIEGREICHE ERHEBUNG
DES DEUTSCHEN VOLKES
UND AN DIE
WIEDERAUFRICHTUNG
DES DEUTSCHEN REICHES
1870–1871

← Lorch im Rheingau gehört zum Welterbe oberes Mittelrheintal, der Ort ist vom Weinbau geprägt.
↙ Hoch über Rüdesheim thront das Niederwalddenkmal. Die 12 Meter hohe Statue der Germania erinnert an die Gründung des Deutschen Kaiserreichs 1871.
↘ Rüdesheim am Rhein ist ein beliebter Urlaubsort, die Rheinauen sind Rückzugsorte für die Vogelwelt.

Strecke von der Kammerburg im Wispertal bis zur Stadt Lorch am Rhein bietet faszinierende Panoramablicke ins Rheintal. Nicht zuletzt die Nähe zur Weinkulturlandschaft des Rheingaus macht den Naturpark besonders erlebenswert. Dabei ist der Rheingau eine Laune der Natur. Denn hätte sich der Rhein nicht entschlossen, vor Wiesbaden seinen Lauf zu ändern und ein paar Kilometer nach Westen zu schlängeln, um dann wieder nach Norden abzubiegen, gäbe es diesen Ort anmutiger Schönheit zwischen dem Rhein und den Ausläufern des Taunus gar nicht. Der Rheingau ist geprägt von seinem milden Klima, intakter Natur und den berühmten Riesling-Weinlagen, die hier große Weißweine gedeihen lassen. Wanderungen mit leichten Steigungen, die durch Weinberge, Wiesen und Wälder führen, laden auch hier dazu ein, dieses schöne Fleckchen Erde im eigenen Tempo zu erkunden.

Schinderhannes Steig

Unter den attraktiven Wanderrouten im Naturpark Taunus gibt es eine Reihe, die vom Deutschen Wanderverband immer wieder das Siegel »Qualitätsweg Wanderbares Deutschland« erhalten: so auch der 38,5 Kilometer lange »Taunus Schinderhannes Steig«. Damit wird dem Taunus völlig zu Recht eine hohe Wanderqualität bescheinigt, die Besucher aus allen Teilen des Landes anzieht. Denn neben der Kultur- und Geschichtsvielfalt überzeugt der Taunus vor allem als Naturdestination. Die Region hat das UNESCO-Welterbe Limes und neben dem Naturpark Taunus auch noch den Naturpark Rhein-Taunus vorzuweisen, die zusammen viele Hundert Kilometer Wanderwege mit zuverlässiger Wegeführung bereithalten. Namensgeber sowohl des Pfades als auch des Steigs ist der Schinderhannes, ein junger Mann, der um 1800 im Taunus und im Hunsrück gelebt hat. Johannes Bückler, so sein amtlicher Name, geboren um 1779, ist eine Figur mit zwei Gesichtern. Auf der einen Seite war er ein historisch belegter Räuber, auf der anderen Seite wurde er durch Erzählungen, Literatur und Filme zu einer Art Robin Hood stilisiert, der den Reichen das Geld genommen und es den Armen gegeben haben soll. Der Obrigkeit soll er dabei immer wieder ein Schnippchen geschlagen haben. Ein Robin Hood war der Schinderhannes sicher nicht, zusammen mit 19 anderen Räubern wurde er für seine Taten 1803 vor den Toren von Mainz hingerichtet. In Anlehnung an diese bekannte Figur wurde 2013 der Wanderweg im Naturpark Taunus erstmals zertifiziert. Seine Routenführung erlaubt einzigartige Ausblicke, viele davon über die Weiten des Rhein-Main-Gebietes. Der Steig ist in beide Richtungen wanderbar, Start- oder Zielpunkt sind entweder der Gimbacher Hof in Kelkheim oder die Kirchenruine Landstein in Weilrod. Die Strecke ist in vier Etappen unterteilt. Wer dann noch nicht genug hat, kann den »Limeserlebnispfad Hochtaunus« gehen. Dieser verspricht den Wanderern Naturgenuss und Aktiverlebnisse im Naturpark vor den Toren der Metropole Frankfurt.

INFO

WISPER TRAILS

Die »Wisper Trails« sind 16 Wanderwege, die ihren Namen der Wisper verdanken, einem Nebenfluss des Rheins, der bei Lorch in den Strom mündet. Der urige Wisper-Taunuswald und großartige Rheinpanoramen säumen diese wildromantischen Wegstrecken. Hier säumen Orchideen und Eichen den Wegesrand, sind Wildkatze, Luchs und Schwarzstorch zu Hause. Auch eine Wanderung über den »Rheingauer Klostersteig« ist ein Erlebnis. Dieser Premiumweg führt auf einer Strecke von rund 30 Kilometern an sechs Klöstern vorbei: von der Abtei Eberbach in Eltville bis zur Marienkirche bei Assmannshausen.
www.wisper-trails.de

HERBSTWANDERUNG

Die leuchtenden Farben des herbstlichen Waldes können Wandersleute im Naturpark Taunus bei der Tour »Herbststimmung rund um den Kleinen und Großen Feldberg« beobachten. Die Route ist besonders geeignet für Menschen, die gerne längere Strecken ohne größere Steigungen wandern, denn sie umrundet beide Berge. Unterwegs gibt es die Möglichkeit zu einer kurzen Einkehr am Fuchstanz. Der Weg führt überwiegend durch Nadelwald und folgt einem Teil des Limes.
www.naturpark-taunus.de

Weitere Informationen findet man unter www.naturpark-rhein-taunus.de

Eine Wanderung durch das Rheingauer Gebück eröffnet Panoramablicke auf das Rheintal und den Hinterlandswald.

NORDHESSEN

DURCHS LAND DER BRÜDER GRIMM

Wer mitten in Deutschland tiefe Wälder, romantische Flusstäler, uralte Burgen und Schlösser und mittelalterliche Fachwerkstädte sucht, wird in der Heimat der Brüder Grimm fündig. Diese befindet sich in Nordhessen und bietet wahrlich märchenhafte Landschaften und verträumte Orte.

Die Region nennt sich »GrimmHeimat NordHessen« und schreibt sich auch so. Ob Bezeichnung und Schreibweise den Sprachwissenschaftlern, Volkskundlern und Begründern der Germanistik Jacob und Wilhelm Grimm, die ja bekanntlich auch die weltberühmte Märchensammlung herausgegeben haben, gefallen hätten oder nicht, kann man nicht sagen. Märchenhaft und inspirierend jedenfalls geht es hier zu: Auf der Handwerk-Erlebnisroute im malerischen Mittleren Fuldatal werden jahrhundertealte Traditionen lebendig, kann man in urigen Dörfern und Bauernhöfen den typischen Charakter der Region erleben. Diese anmutigen Landschaften sind der Stoff,

← Der Eulenturm in Hessisch Lichtenau ist Teil der mittelalterlichen Stadtmauer.
↙ Das traditionsreiche Hotel und Restaurant Grischäfer in Bad Emstal liegt mitten in historischen Mauern.
↓ Die Ahle Wurscht ist eine hessische Spezialität in der Jausenstation Weißenbach.

aus dem die Märchen der Brüder Grimm entstanden sind. In der Heimat von Frau Holle, Hänsel und Gretel und dem tapferen Schneiderlein versetzen trutzige Burgen, prächtige Schlösser, Mittelaltermärkte und üppige »Tafeleyn« die Besucher in längst vergangene Zeiten.

Ahle Wurscht und neue Ideen

Die Region kann jedoch viel mehr als nur Märchen erzählen. Besondere Naturerlebnisse bieten die fünf nordhessischen Naturparks und Hessens einziger Nationalpark Kellerwald-Edersee (siehe S. 109). Märchenhaften Kulissen gleich präsentieren sich die Städte der Region mit mehreren UNESCO-Welterbetiteln. Einen Besuch wert ist auch die Metropole Kassel. In der documenta-Stadt erlebt man bei einem Besuch der Grimmwelt Kassel und des Bergparks Wilhelmshöhe Kunst, Kultur und Natur authentisch und hautnah. Dazwischen genießt man von kreativ-moderner Küche bis hin zu nordhessischen »Schmeckerwöhlchen« die traditionellen Spezialitäten der Region oder lässt sich als Abschluss eines abwechslungsreichen und aktiven Tags Nordhessens bekanntestes Traditionsgericht, die Ahle Wurscht, schmecken. Ein märchenhafter Schlaf mit fabelhaften Träumen ist vom Naturpark Diemelsee bis zum Habichtswald, von Schloss Riede bis Bad Emstal garantiert. Am nächsten Tag folgt ein Abstecher zum Geo-Naturpark Frau-Holle-Land östlich von Kassel, der Hauptstadt der Deutschen Märchenstraße. Über 200 Geotope machen die Region zwischen Kaufunger Wald, Hohem Meißner und Werratal so abwechslungsreich: Dichte Mischwälder, Karstgebiete, die Streuobstwiesen im Kirschenland und die fruchtbaren Flussauen laden zur Naturerkundung ein. Im historischen Landhotel »Grischäfer« in Bad Emstal findet man inmitten mittelalterlicher Mauern individuell gestaltete Zimmer und ein ausgezeichnetes Restaurant. www.grimmheimat.de

29

DURCH DEN DSCHUNGELPFAD

VESSERTAL IN THÜRINGEN

Das Wort »Vesser« hat eine dreifache Bedeutung: Eine Ortschaft, ein kleiner Fluss und ein wildes Tal tragen diesen Namen. Gelegen inmitten des UNESCO-Biosphärenreservats Thüringer Wald, kann man in seiner Kernzone auf dem »Urwaldpfad Vessertal« Wildnis pur entdecken.

Der kleine Bach, der durch das Vessertal fließt, plätschert in der Mittagssonne leise vor sich hin, kein anderer Laut ist zu hören. Es ist beinahe gespenstisch ruhig, bis der Ruf eines Eichelhähers die Stille durchbricht: Sein ein wenig heiser klingendes »skaak, skaak« warnt die anderen Waldbewohnern vor den menschlichen Eindringlingen. Auch die Wasseramsel hüpft jetzt aufgeregt umher, selbst die Bachforelle reckt ihren Kopf aus dem seichten Wasser der Vesser, um zu erspähen, wer es wagt, ihre Jagd nach kleinen Insekten zu stören.

Direkt hinter der in einer Mulde versteckten Ortschaft Vesser, die mit ihren Schieferhäusern, der kleinen Kirche und rund 230 Einwohnern wie aus der Zeit gefallen erscheint, beginnt die Wildnis. Hier befindet man sich sogleich in der Kernzone des Biosphärenreservates Thüringer Wald und betritt ein Naturgebiet, das völlig zu Recht zum schönsten Tal Mitteldeutschlands gewählt wurde. Auf Wanderungen wie dem Naturlehrpfad, dem Vessertaler Rundwanderweg oder der Bergbauwanderung kann man ein Gebiet erkunden, das durch seine Vielfalt von Bergmischwald, Wiesen und Bächen, seiner Tier- und Pflanzenwelt bereits in den 30er Jahren des vergangenen Jahrhunderts Bekanntheit erlangte. Es war der Initiative von Professor Ernst Kaiser aus Erfurt zu verdanken, dass das untere Vessertal schon 1939 mit einer Fläche von 1384 Hektar als eines der größten Naturschutzgebiete Thüringens ausgewiesen wurde.

Faszinierender Urwaldpfad

Sein für ein europäisches Mittelgebirge repräsentatives Waldbild wurde bis heute erhalten, indem man die Natur hier weitgehend sich selbst überlassen hat. Werden und Vergehen ohne intensive menschliche Nutzung hat hier zu Waldgebieten geführt, die an zahlreichen Stellen wie ein archaischer Urwald daherkommen. Auf dem 14 Kilometer langen »Urwaldpfad Vessertal«, der in knapp fünf Stunden gut zu bewältigen ist und dabei 320 Höhenmeter überwindet, begegnet einem nicht nur die mit 49 Metern höchste Fichte im Vessertal, auch der Waldkauz, das Eichhörnchen oder der Schwarzstorch können hier in freier Wildnis gesichtet werden. Und vielleicht macht es den Besuch des Naturschutzgebietes Vessertal zu einem noch außergewöhnlicheren Erlebnis, wenn man weiß, dass das Naturschutzgebiet bereits 1979 neben dem größten zusammenhängenden Auwaldkomplex Mitteleuropas, dem Steckby/Lödderitzer Forst-Mittlere Elbe, zu den ersten beiden Biosphärenreservaten Deutschlands gehörte.

← Der Rennsteig bietet nicht nur dichte Waldwanderwege, sondern auch sanfte, liebliche Täler wie hier bei Schmiedefeld.
↓ Der Urwaldpfad durch das Vessertal führt vorbei an archaisch anmutenden Wäldern.

INFO

SCHWARZE CRUX
Vor über 500 Millionen Jahren rumorte es hier gewaltig. Sogenannte »Black Smoker« schufen in der Nähe der Ortschaft Vesser bei Suhl eine geologische Formation, die heute noch einen Durchmesser von vier Kilometern aufweist und zu den ältesten erdgeschichtlichen Zeugnissen Deutschlands gehört. Im Besucherbergwerk »Schwarze Crux« kann man diese riesige Magnetitblase besichtigen. Der Rundgang führt in eine Tiefe von bis zu 36 Metern unter die Erde.
www.schwarzer-crux.com

SCHMIEDEFELD
Inmitten der Nadel- und Mischwälder am Rennsteig liegt der Erholungsort Schmiedefeld. Von hier aus ist es nur ein Katzensprung ins Vessertal. Schmiedefeld ist ein ganzjähriges Naturreiseziel, ein ideales Wanderrevier und Familienskigebiet. Eine gemütliche Unterkunft findet man im Hotel & Restaurant Gastinger.
www.schmiedefeld.de

Weitere Informationen findet man unter
www.thueringer-urwaldpfade.de

30

ÜBER STOCK UND STEIN

URWALDPFAD EISENACH

In und um Eisenach im Thüringer Wald ging es im Laufe der Geschichte häufig wild zu. Da spielt nicht nur die bewegte Geschichte der berühmten Wartburg eine tragende Rolle, auch zu ihren Füßen und in den Wäldern rings herum wurde so manche Fehde ausgetragen.

Wer ist der beliebteste Deutsche im Ausland? In regelmäßigen Abständen versuchen verschiedene Institute das herauszufinden. Alle Umfragen eint, dass der Reformator Martin Luther stets weit oben zu finden ist. Und auch das von ihm auf der Wartburg übersetzte Neue Testament landet bei der Frage nach den Lieblingsbüchern der Deutschen stets auf den vordersten Plätzen. Mit dem Leben und Wirken des Reformators war Eisenach eng verbunden. Martin Luther, einer der berühmtesten religiösen Revolutionäre, hat hier in Eisenach auf der Wartburg das Neue Testament aus dem griechischen Original ins Deutsche übersetzt, getarnt als Junker Jörg und für »vogelfrei« erklärt, da er auf dem Reichstag in Worms seine Thesen nicht widerrufen hatte. Eine wahrlich wilde Gegend also, in der man sich noch heute in der Drachenschlucht und der Landgrafenschlucht dem rebellischen Geist auch in der Natur nähern kann. Und dabei feststellt, dass hier, durch den Lauf der Jahrhunderte hinweg, schon immer mächtige Baumriesen standen, die, von der Forstwirtschaft verschont, Zuflucht für besonders bedrohte und holzbewohnende Käfer bieten, die sogenannten Urwaldreliktarten, darunter der äußerst selten vorkommende Eremit.

Vielfältige Lebensräume

Entlang des »Eisenacher Urwaldpfads« hat der Käfer einen Ort gefunden, der ihm zu gefallen scheint. Das zurückgezogen in Hohlräumen alter Bäume lebende Insekt verlässt sein Versteck nur zur Paarungszeit. Aber auch dann wandert es nicht weit umher, sondern bleibt im Umkreis seines Baumes. Der Eremit ist auf Alt- und Totholz angewiesen, das er in den Wäldern rund um die Wartburg etwa in der Landgrafenschlucht vorfindet. Dabei hat der acht Kilometer lange, in zweieinhalb Stunden gut zu erwandernde Urwaldpfad noch viel mehr zu bieten: Tiefe Schluchten wechseln sich mit imposanten Felsvorsprüngen ab, von denen aus man wunderbare Weitsichten hat. Die wildromantische Landgrafenschlucht führt durch feuchte Täler, in denen es meist einige Grad kühler ist als auf den sonnenbeschienenen Hügelkuppen am Urwaldpfad. Auch den Buntspecht kann man hier entdecken, einen der zehn in Europa vorkommenden Spechtarten. Für seinen Höhlenbau verwendet er überwiegend Baumstellen, die bereits einen Pilzbefall aufweisen und dadurch geschwächt sind. Der schon im Vergehen befindliche Baum bekommt so noch einmal einen Nutzungszweck. Auf dem »Urwaldpfad Eisenach« trifft man vormittags außerdem auf deutlich weniger »Gegenverkehr« als in der weithin bekannten Drachenschlucht.

INFO

WARTBURG

An der berühmten Wartburg über Eisenach kommt man einfach nicht vorbei, nicht zuletzt wegen Martin Luther. Für die einen war er Prophet, Befreier und Identitätsstifter der Deutschen, für die anderen streitsüchtiger Grobian und Separatist. Seit jeher scheiden sich die Geister an ihm und tun es bis heute. 1517 ergriff die Reformation viele Menschen, krempelte ein ganzes Reich um, bereitete den Boden für die Neuzeit, beeinflusste die folgenden Jahrhunderte und prägt die Gesellschaft noch heute. Die Wartburg in Eisenach, oft als »Lutherburg« bezeichnet, ist fest verankert in unserem kollektiven Gedächtnis. Direkt an der Wartburg gelegen, die seit 1999 zum UNESCO-Welterbe gehört, bietet das Romantik Hotel auf der Wartburg eine geeignete Übernachtungsmöglichkeit. www.wartburg.de

Weitere Informationen findet man unter www.naturpark-thueringer-wald.de

← Der Urwaldpfad bei Eisenach führt durch ein naturbelassenes Gebiet, in dem nur die Wege begehbar gehalten werden.
↑ Darüber hinaus wird die Gegend dem ewigen Kreislauf aus Werden und Vergehen überlassen.

31

WILDNIS ZUM WOHLFÜHLEN

URWALDPFAD HEILBAD HEILIGENSTADT

Die Kurstadt Heilbad Heiligenstadt liegt in der Mitte Deutschlands, die historische Altstadt und der Heinrich-Heine-Kurpark an der Leine ziehen viele Besucher an. Wildnis vermutet man hier nicht. Aber im Stadtwald gibt es ein sehenswertes Stück davon zu erleben: auf dem Urwaldpfad.

Er ist durchaus als überschaubar zu bezeichnen, aber deswegen nicht weniger bedeutend. Die Rede ist vom »Urwaldpfad Heilbad Heiligenstadt«, ein knapp dreieinhalb Kilometer langer Wanderweg südlich der Stadt, der durch ein Gebiet von rund fünf Hektar an Fläche führt, die sich auf dem Weg zurück zum Urwald befindet. Hier wird auf jegliche Eingriffe in die Natur verzichtet, lediglich der Pfad wird freigehalten und von umgestürzten Bäumen befreit. Der schmale Pfad ist mit einem schwarz-weißen Kardinal-Käfer markiert, der gleichzeitig das Symbol für alle Thüringer Urwaldpfade darstellt. Er ist leicht bis mittelschwer zu begehen und vom Wanderparkplatz am Stadtwald Iberg aus in einer halben Stunde zu erreichen. Der Weg lohnt sich, denn gleich zu Anfang wird man in diesem Mischwald von einer Vielfalt an Baumarten überrascht, die in ganz Deutschland einzigartig ist. Besonders der Buchen-Eiben-Wald mit den zahlreichen Eiben ist beeindruckend, denn die äußerst langsam wachsende heimische Baumart ist in unseren Wäldern sehr selten geworden. Sie wächst nur zwischen einem und drei Zentimetern im Jahr, in manchen Jahren stellt sie ihr Wachstum ganz ein. Die Eiben erreichen ein Alter von bis zu 3000 Jahren. Exemplare hohen Alters sind in Europa aber kaum zu sehen, denn Eibenholz war und ist heiß begehrt.

Wertvolles Rückzugsgebiet

Der Buchen-Eiben-Wald, durch den der Urwaldlehrpfad verläuft, befindet sich in seiner natürlichen Zerfalls- und Wiederaufbauphase. Die hier vorhandenen ältesten Buchen stammen aus dem 18. Jahrhundert, auch einzelne Eiben gehen bis auf diese Zeit zurück. Aufgrund der hier vorherrschenden Südhanglage und der flachgründigen Muschelkalkböden sind die Bäume im Sommer starker Austrocknung ausgesetzt und wachsen nur sehr langsam. Sie weisen insgesamt ein unterschiedliches Alter auf, weil kleinere Lücken im Kronendach des Waldes das Wachsen junger Bäume begünstigen. Das Holz der abgestorbenen Bäume wiederum bildet Humus und gibt die gespeicherten Nährstoffe an den Boden zurück. Eine faszinierende Anzahl von rund 10 000 Arten an Pflanzen, Tieren und Pilzen findet in solch einem Totholzbuchenbereich ihre Lebensgrundlage. Auch die krumm gewachsenen Bäume sind ein beeindruckendes Kennzeichen der mitteleuropäischen Urwälder. Außerdem findet man hier weitere Mischbaumarten wie Elsbeere, Feldahorn, Esche und Gemeine Kiefer. Dieser alte Urwald von Heiligenstadt ist ein wunderbares Beispiel für den Wert dieser Rückzugsgebiete für Pflanzen, Tiere und Menschen.

← Das Sole-Heilbad Heiligenstadt liegt im Thüringer Eichsfeld. Für einen Spaziergang bietet sich der schöne Heinrich-Heine-Kurpark an.
↓ Der Urwaldpfad Heiligenstadt führt durch einen Buchen- und Eibenwald aus dem 18. Jahrhundert.

INFO

WANDERWEGE

In der grünen Mitte Deutschlands gibt es rund um das Heilbad Heiligenstadt eine große Zahl an Wanderstrecken, die vom Label »Wanderbares Deutschland« als »Top-Wanderweg traumtour« ausgezeichnet wurden. Darunter ist etwa die Route »Erlebnis Iberg«, auf der die Landschaften des Eichsfeldes und des Naturparks Eichsfeld-Hainich-Werratal erlebbar werden.

TILMAN RIEMENSCHNEIDER

In Heiligenstadt wurde der berühmte Bildschnitzer und Bildhauer Tilman Riemenschneider um 1460 geboren. Nach verschiedenen Stationen während seiner Lehr- und Wanderjahre erkor er Würzburg zu seiner Wahlheimat, erlangte 1485 das Stadtbürgerrecht und gründete eine eigene Werkstatt. Riemenschneider wurde zu einem der bedeutendsten Bildhauer der Spätgotik. Im Eichsfelder Heimatmuseum in Heiligenstadt gibt es eine sehenswerte Dauerausstellung.

Weitere Informationen findet man unter www.heilbad-heiligenstadt.de

32

FEUERGOTT UND KRATERSEEN

NATUR- UND GEOPARK VULKANEIFEL

Von Bad Bertrich an der Mosel bis hin zum Goldberg bei Ormont erstreckt sich quer durch die westliche Eifel eine Landschaft, die es europaweit kein zweites Mal gibt. Das vulkanische Geschehen hat überall Spuren hinterlassen und die Landschaft zu einem Lehrbuch der Erdgeschichte gemacht.

Wenn es eine Region in Deutschland gibt, die mit Maaren und Vulkanen in Verbindung gebracht wird, dann ist es die Eifel. Im Natur- und Geopark Vulkaneifel dreht sich folgerichtig alles um die einst Feuer spuckenden Vulkane und die dabei entstandenen trichterförmigen Mulden, die Maare. Doch worauf geht dieser feurige Ruf zurück? »Vulcanus« heißt die Antwort, der römische Gott des Feuers hat sich hier bis heute verewigt. Und mit dem Laacher See liegt in der Eifel ein beeindruckendes Zeugnis seiner Wirkstätten, die bis heute eine besondere Faszination ausstrahlen, nicht nur, weil sie noch immer zu den wärmsten Gegenden in ganz Mitteleuropa zählen. Zuletzt brodelte und dampfte es in der Vulkaneifel vor rund 13 000 Jahren, damals entstand auch mit dem Laacher See der bis heute größte See in Rheinland-Pfalz. Wer die Benediktinerabtei Maria Laach besucht, wählt meist den 13 Kilometer langen Rundweg um den See, um sich die Beine zu vertreten. Entsprechend bevölkert ist er in der Regel während des Tages. Wer aber die frühen Morgenstunden oder den Abend für den Rundgang wählt, bekommt die intensive Atmosphäre des Vulkanparks Brohltal/Laacher See hautnah zu spüren. Und an einigen Stellen im See kann man noch heute das entweichende Kohlendioxid entdecken, das sich als im Wasser aufsteigende Gasblasen zeigt – gerade während des Sonnenuntergangs am Abend ein faszinierendes Spektakel im Kleinen, das an die feurigen Zeiten in dieser Gegend erinnert.

Quellen und Maare

Wo heute romantische Täler, Maare und mächtige Rotbuchenwälder das Landschaftsbild prägen, breitete sich in prähistorischer Zeit ein großes subtropisches Meer aus. Noch heute findet man hunderte kleine Quellen, die sich über das gesamte Gebiet verteilen. Das gesunde, magnesiumhaltige Mineralwasser darf man sich in Trinkflaschen abfüllen und zum persönlichen Gebrauch mit nach Hause nehmen: ein Andenken, das zum einen nichts kostet und darüber hinaus noch die Gesundheit fördert. Auch das Wasser der Maare ist klar und rein, man sollte es aber dort belassen, wo es ist. Denn viele dieser fischreichen Seen stehen unter Naturschutz. Am Schalkenmehrener Maar aber ist Schwimmen, Baden und Rudern erlaubt. Eine Besonderheit hat dieses Gewässer zudem vorzuweisen: Im Gegensatz zu anderen Maaren gibt es hier einen Abfluss. Zum Abschluss einer Reise in diese feurige Ecke lohnt sich ein Besuch in dem schönen Fachwerkstädtchen Daun, das sich mit dem Titel Kurort schmücken kann.

INFO

ES ZISCHT UND BRODELT
In der Eifel steht kein Ausbruch bevor, obwohl es in dieser Region immer noch blubbert: Im »Lava-Dome« in Mendig wird ein großer Vulkanausbruch simuliert und viel Interessantes und Spektakuläres rund um das Thema Vulkanismus erzählt.
www.lava-dome.de

EIFELSTEIG
Der Natur- und Geopark Vulkaneifel ist natürlich auch ein hervorragendes Wanderrevier. Der Eifelsteig ist ein Wanderweg, der die gesamte Landschaftsvielfalt abbildet. Er verbindet die alte Grenzstadt Aachen mit dem römischen Trier und durchquert dabei auf 312 Kilometern, die in fünf Etappen von 14 bis 29 Kilometern Länge gegangen werden können, ein Mittelgebirge, das abwechslungsreicher nicht sein könnte.
www.eifel.info

Weitere Informationen findet man unter www.geopark-vulkaneifel.de

← Das Holzmaar bei Gillenfeld in der Vulkaneifel ist 21 Meter tief und vom Wald gesäumt.
↑ Wer ins Paradies will, muss am Löwenbrunnen vorbei, dieser sprudelt in der Vorhalle der Benediktinerabtei Maria Laach am Laacher See.

Oberburg und Niederburg bei Manderscheid liegen am Eifelsteig, einem der schönsten Wanderwege Deutschlands. Das Tal der Lieser trennt beide Burgen voneinander.

33

DIE WILDNIS KOMMT ZURÜCK

NATIONALPARK HUNSRÜCK-HOCHWALD

Seit das rund 10 000 Hektar große Gebiet im Jahre 2015 zum Nationalpark Hunsrück-Hochwald erklärt wurde, entsteht mitten in Rheinland-Pfalz ein Stück Wildnis neu. Mächtige Buchen dürfen ungestört alt werden und umfallen. Als Totholz bieten sie wichtigen Lebensraum für Käfer und Pilze.

Die Natur gewinnt Schritt für Schritt die Oberhand im Nationalpark und entfaltet sich neu. Im Dickicht des Nationalparks fühlen sich besonders die scheuen Wildkatzen wohl, die auch sein Symboltier sind. Gefährdete Arten von Insekten, Pilzen, Schmetterlingen und Fledermäusen finden hier ebenfalls einen Lebensraum. Außerdem wurden künstliche Gräben, die einst zur Entwässerung der für den Hunsrück typischen Hangmoore dienten, verschlossen. Dadurch reichern sich die Torfböden wieder mit Wasser an, und die ursprünglichen Arten kehren zurück. Wandernde können im Nationalpark mit dem Erbeskopf den höchsten Berg in Rheinland-Pfalz besteigen, die gewaltigen Quarzitfelsen im Naturschutzgebiet Mörschieder Burr entdecken und blühende Arnikawiesen bewundern. Mittels einer Nationalpark-Ranger-App kann man sich mit allen interessanten Informationen für den Ausflug durch den Nationalpark versorgen und das Schutzgebiet virtuell erkunden. Besuchende können damit außerdem bereits im Vorfeld Touren planen und die App als informativen Begleiter für unterwegs nutzen. Im Park hält man das Smartphone an eine Infotafel, und schon erscheint auf dem Bildschirm ein Ranger, der mehr über die Besonderheiten im Schutzgebiet erklärt. Beim Hunsrückhaus am Erbeskopf, in dem eine Ausstellung mit Filmen, Exponaten und Experimentierstationen Einblicke in die Natur und ihre Bewohner gibt, ist auch eine neue Außenausstellung entstanden.

Natur genießen

Der Nationalpark Hunsrück-Hochwald bietet abwechslungsreiche Wandererlebnisse in ursprünglicher Natur. Bei einer geführten Ranger- und Erlebnistour oder auch allein geht es auf ausgezeichneten Wanderwegen durch den wilden Lebensraum des Hunsrücks. Alte Buchenwälder voll lebendigem Totholz, herausragende Felsenlandschaften, bizarre Rosselhalden, mystische Moore und leuchtende Arnikawiesen machen den Nationalpark Hunsrück-Hochwald einzigartig. Die ständige Abfolge unterschiedlicher Vegetationen und Landschaften – von Höhenzügen und Bachtälern, von Wäldern und Wiesen – zeichnet die Region aus. Dazu kommt ein beeindruckendes Wechselspiel von keltisch-römischer Kulturgeschichte. So kombiniert der Nationalpark Natur und Geschichte auf lebendige Weise in einem Urwald von morgen. Der Nationalpark ist darüber

→ Die Wildkatzen brauchen strukturreiche Wälder und fühlen sich im Nationalpark Hunsrück-Hochwald besonders wohl.

← Auf dem Erbeskopf steht eine Windklang-Skulptur, die begehbar ist und die Elemente der Natur erfahrbar macht.
↙ Moos und Totholz werden im Nationalpark Hunsrück-Hochwald sich selbst überlassen. Menschliche Eingriffe in die Natur finden hier nicht statt.
↘ Die Buchenwälder im Hunsrück-Hochwald verbreiten am Morgen eine magische Stimmung auf einsamen Wanderwegen.

hinaus ein sogenannter Entwicklungsnationalpark, in dem sich die Natur zukünftig frei entfalten kann. So entsteht eine Natur- und Kulturlandschaft zum Wandern und Radfahren, zum Natur genießen und Geschichte erleben.

Wildkatze und Schwarzstorch

Der Nationalpark Hunsrück-Hochwald liegt im Südwesten Deutschlands. Sein Schutzgebiet umfasst mehr als 10 000 Hektar. Ein Mittelgebirge mit schier endlosen Waldarealen kennzeichnen den Hunsrück und grenzen ihn damit von den umliegenden bekannten Weinanbaugebieten, der Mosel, dem Rhein, der Nahe und der Saar ab. Das Bundesamt für Naturschutz zählt den Hunsrück schon heute zu einer »Hotspot-Region für biologische Vielfalt«. Davon gibt es in ganz Deutschland nur 30 Gebiete. Hier leben zum Beispiel europaweit die meisten Wildkatzen. Diese sind sehr scheu und brauchen viel Ruhe, genau wie der Schwarzstorch – eine Ruhe, die der Hunsrück mit seinen ausgedehnten Wäldern heute schon bietet. Für den Naturschutz von herausragender Bedeutung sind auch die kleinen Tierarten, die Altholz, Moore und Waldwiesen besiedeln. Fallen Wollgras, Narzissen und Orchideen sogleich ins Auge, bedarf der Anblick einer Moorlibelle, einer der vielen Fledermausarten oder des fleischfressenden Sonnentaus erhöhter Aufmerksamkeit. Gleiches gilt für die vielen Käfer, Amphibien, Pilze und Flechten, die Feuchtgebiete, Geröllhalden oder Totholz mit Leben erfüllen.

Kelten und Römer

Das eigentliche Schutzgut des Nationalparks aber ist der Wald. Der Wald, der sich hier frei entwickeln darf – ein Wald, der vielen Baum- und Tierarten, die in einem Wirtschaftswald immer seltener vorkommen, ein Zuhause bietet. Erst in den alten Buchenwäldern zeigt sich, wie viel Leben im Totholz steckt. Hunsrück und Hochwald bieten Natur pur, sind aber zugleich auch eine alte Kulturlandschaft. Die Zeugnisse ihrer bewegten Geschichte liegen oft tief in den Wäldern verborgen und sind so bis heute erhalten. Vom Ringwall bei Otzenhausen bis zur Wildenburg stößt man vielerorts auf Relikte der Kelten und Römer sowie des Mittelalters. Hunsrück und Hochwald waren in klimagünstigen Zeiten eine intensiv genutzte Kulturlandschaft. In der frühen Neuzeit war die Region sogar ein blühendes Industrierevier. Reiche Eisenerzvorkommen und die Ressource Wald sorgten dafür, dass sich an den Gewässern Hütten und Hammerwerke ansiedeln konnten. Fast auf jeder Wanderung lassen sich Meilerplätze finden, wo einst Köhler Holzkohle für die Eisenerzgewinnung erzeugten. Die drei Nationalparktore, das Hunsrückhaus am Erbeskopf, die Wildenburg mit dem Wildfreigehege bei Kempfeld und der keltische Ringwall mit dem Keltenpark bei Otzenhausen, bieten besondere Angebote für Besucher. Dazu gehören Parkplätze und Wanderwege, Spielplätze und ein Kletterpark sowie ein gastronomisches Angebot. Unter anderem starten dort auch die Rangertouren durch den Nationalpark. Weitere Rangertouren beginnen im Ort Muhl, am Sauerbrunnen bei Oberhambach und am Thranenweier bei Börfink. Dieses Angebot umfasst auch barrierefreie Touren.

INFO

FORELLENZUCHT

Eine Forellenaufzucht mitten im Hunsrücker Hochwald findet man in Börfink/Einschiederhof bei Andrea und Dietmar Windsberger. Gästen bietet sich nicht nur die Möglichkeit, ihr Anglerglück zu versuchen, sondern im angeschlossenen Hotel-Restaurant mitten im Nationalpark gibt es überdies hochwertige regionale Produkte. Nationalpark-Wanderer finden von dort aus einen direkten Zugang zum Saar-Hunsrück-Steig. Der Forellenhof Trauntal wird durch zwei Quellbereiche, den Traunbach und den Hengstbach, gespeist. Die Gesamtfläche der Anlage beträgt knapp 29 Hektar, die Wasserfläche mit sechs Hektar hat 40 Einzelteiche. Der größte Teil dieser Teichwirtschaft wird zur naturnahen Aufzucht von Regenbogen- und Bachforellen sowie Saiblingen genutzt. www.forellenhof-trauntal.de

NARZISSEN

In den verborgenen Winkeln des Hunsrücks blüht eine ganz besondere Pflanze: die wilde Narzisse. Sie liebt grüne Wiesen und lichten Laubwald und ist von Ende März bis Anfang April in voller Blüte zu sehen. Besonders zahlreich kommen wilde Narzissen im Hochwald und im oberen Ruwertal zwischen Schillingen und Hentern vor.

Weitere Informationen unter www.nationalpark-hunsrueck-hochwald.de

Die zwei Monumental-Grabhügel von Wadern-Oberlöstern stammen aus dem 2. Jahrhundert n. Chr., hier wurden bedeutende Personen beerdigt.

34

WÄLDER UND WEINBERGE

NATURPARK RHEIN-WESTERWALD

Das Rheintal mit seinen steilen Weinhängen, malerische Ortschaften, idyllische Bachtäler und die stillen Wälder des Westerwaldes bilden den Naturpark Rhein-Westerwald. Er wurde bereits 1962 gegründet und zählt noch heute zu den schönsten im Lande.

Der rund 470 Quadratkilometer große Naturpark liegt rechtsrheinisch zwischen Neuwied und Unkel und reicht hoch hinauf bis auf die ersten Höhenrücken des Westerwaldes im Schiefergebirge. Vor vielen Millionen von Jahren war das Gebiet des Naturparks Rhein-Westerwald ein flachwelliges Rumpfgebirge. Im Laufe der Zeit wurde die Region durch Gebirgsbildungsprozesse, durch Talbildungen und vor allem durch vulkanische Aktivitäten im Tertiär geprägt. Basaltkuppen wie die Erpeler Ley, der Asberg oder der Malberg sind Zeugen dieser einstigen vulkanischen Aktivitäten.

Alte Bergbauregion

Im Naturpark-Gebiet wurden bis in die 1960er-Jahre Eisenerze unter Tage abgebaut. Ein besondere Zeugnis des Eisenerzbergbaus im Naturpark Rhein-Westerwald ist die Grube Georg in Willroth mit dem 56 Meter hohen Förderturm, ein Wahrzeichen der Naturpark-Region, das man besichtigen kann. Im Naturpark finden sich weitere Zeugnisse des Eisenerzabbaus, wie zum Beispiel die Grube Girmscheid, die Grube Luise sowie der Alvenslebenstollen.

Wald und Wein

Die ausgedehnten Waldlandschaften sind eine Besonderheit im Naturpark Rhein-Westerwald. Mehr als die Hälfte der Fläche ist bewaldet, wobei mit 46 Prozent der Laubwald dominiert. Nadelwald umfasst eine Fläche von 20 Prozent, Mischwald hat einen Anteil von 34 Prozent. Im Naturpark gibt es größere Bestände von Rotbuchen-, Eichen-und Hainbuchenwäldern. An wärmebegünstigten Standorten entlang der Rheinhänge kommen auch Trockenwälder mit Arten wie Els- und Mehlbeere vor. Schluchtwälder sind an feuchtkühlen Standorten in den Tälern von Saynbach, Laubach oder Fockenach vorhanden. Bergahorne, Linden, Ulmen und Eichen machen diese Bestände aus. Gebietsweise wurden auch Nadelhölzer angebaut wie beispielsweise die Mammutbäume im Jahrsbachtal.

Bereits die Römer kultivierten den Wein entlang der Mosel und dem Mittelrheintal. Entlang des Rheins – vor allem in den Gemeinden Unkel, Linz und Bad Hönningen – finden sich bis heute zahlreiche bewirtschaftete Weinberge, die sich mit steilen und sonnigen Felswänden abwechseln. Felsvorsprünge oder offene Fugen in den alten Trockenmauern bieten in den Weinbergen zahlreichen Eidechsen und einer Vielzah an Insekten Lebensräume.

INFO

ANS ENDE DER WELT

Der Westerwald ist eine abwechslungsreiche Wanderregion. Durch das Mittelgebirge führt der Westerwaldsteig in die romantische Holzbachschlucht, zur Westerwälder Seenplatte, zu den Klöstern Marienstatt und Marienthal sowie im Nistertal sogar zum »Ende der Welt«. Auch ein handfester Klettersteig gehört zum Repertoire. Erlebnisschleifen verbinden den Westerwaldsteig auf Rundwegen mit weiteren reizvollen Wanderrouten. Der Klosterwanderweg durchquert auf knapp 18 Kilometern das Rengsdorfer Land und schlängelt sich durch drei Bachtäler. Er gehört zu den sogenannten Wäller-Touren und startet in Rengsdorf an der St.-Kastor-Kapelle. Über die Burgruine Neuerburg führt er nach Glockscheid zum Kloster St. Marienhaus mit traumhaftem Blick ins Wiedtal.
www.westerwald.info

Weitere Informationen findet man unter
www.naturpark-rhein-westerwald.de

← Eine steinerne alte Bogenbrücke führt über die Große Nister im Westerwald. In der Nähe befindet sich die Abtei Marienstatt (s. Bild oben).
↑ Die Abtei stammt aus dem 13. Jahrhundert, heute ein Zisterzienserkloster und Wallfahrtsort.

Der Blick auf die Königsschlösser Neuschwanstein und Hohenschwangau gehört zu den schönsten Panorama-Ausblicken, die man in den Ammergauer Alpen finden kann.

DER SÜDEN

Von den Mittelgebirgen bis zum Alpenvorland und ins Hochgebirge reichen die faszinierenden Naturräume.

35

IM BANN DER EISZEITKUNST

IN DER VOGELHERDHÖHLE

Die Karsthöhle, die sich im Lonetal im Alb-Donau-Kreis befindet, ist weit über die Region hinaus bekannt. Hier entdeckte 1931 der Tübinger Urgeschichtler Gustav Riek zehn kleine aus Elfenbein gefertigte Figuren aus der Zeit vor 35 000 bis 40 000 Jahren. Diese Figuren gehören zu den ältesten Kunstwerken der Menschheit.

Vorgeschichtliche Funde geschehen oft zufällig. Das war an einem Maisonntag im Jahr 1931 nicht anders, als der Heidenheimer Heimatforscher Hermann Mohn im Lonetal auf der Schwäbischen Alb eine sensationelle Entdeckung machte, der die gesamte Fachwelt aufhorchen ließ. Er folgte der Spur eines Dachses, als er auf die Vogelherdhöhle stieß, die damals oberirdisch noch nicht zu erkennen war. Im Auswurf des Dachsbaus fand er kleine steinzeitliche Feuersteinstückchen, die ihm ungewöhnlich erschienen. Der Tübinger Urgeschichtler Gustav Riek beschloss darauf hin, im bisher unbekannten Gebiet des Lonetals zu forschen und begann sogleich im Juli 1931 mit den ersten Geländearbeiten am Vogelherd.

Dabei wurden auch das »Vogelherdpferdchen« und weitere Funde aus Mammutelfenbein entdeckt, die mit ihrem Alter von rund 32 000 Jahren zu den ältesten Kunstwerken der Menschheitsgeschichte gehören. Und so wurde die Vogelherdhöhle weltberühmt, zunächst vor allem unter den Fachleuten und Forschern. Seit dem Jahre 2017 trägt sie mit den fünf weiteren Höhlen der Schwäbischen Alb, Geißenklösterle, Hohle Fels, Sirgensteinhöhle, Bocksteinhöhle und Hohlenstein, den Titel UNESCO-Weltkulturerbe, was ihren Bekanntheitsgrad auch für Nicht-Fachleute steigern wird. Ein lohnendes Reiseziel ist der weitläufig angelegte Archäopark Vogelherd bei Niederstotzingen-Stetten auf jeden Fall.

Albtäler Radweg

Der Albtäler-Radweg wurde im Jahr 2012 als Kooperationsprojekt vom Alb-Donau-Kreis und den Landkreisen Heidenheim und Göppingen entwickelt und als erster Vier-Sterne-Radweg auf der Schwäbischen Alb eröffnet. Er gibt Radlern die Möglichkeit, acht Täler der Schwäbischen Alb in drei Tagen zu entdecken, wobei einige sportliche Anstiege zu meistern sind. Der Rundkurs startet in Amstetten und umfasst eine Länge von 186 Kilometern. Er führt an Höhlen, bizarren Felslandschaften und blauen Quellen vorbei durch die acht schönsten Täler im UNESCO-Geopark Schwäbische Alb und die aussichtsreichen Hochflächen, darunter auch das urgeschichtliche Lonetal, mit seinen bekannten Höhlen der Eiszeitkunst, das Eselsburger Tal mit den »Steinernen Jungfrauen«, das Naturschutzgebiet Eybtal sowie das Roggental und das Obere Filstal mit seinen Thermalbädern. Oben auf der Albhochfläche können sich Geologie-Fans dann auf einen Abstecher zur Tiefenhöhle Laichingen begeben oder die weiten Aussichten auf die Alblandschaft und die Ruhe genießen.

← Rund um die Vogelherdhöhle im Lonetal ist ein attraktiver Besucherpark entstanden, der Jung und Alt gleichermaßen begeistert.
↓ Die Eingänge zu den Karsthöhlen im Lonetal liegen oft versteckt hinter Felsen und Gebüsch. Im Sommer bieten sie angenehme Kühle.

INFO

EISZEITPFADE

Die Region bietet eine Vielzahl geologischer Besonderheiten. Wer durch den Alb-Donau-Kreis wandert, findet geschwungene Flusstäler, Höhenzüge mit Panoramasicht und dichte, unberührte Wälder. Die 20 »Eiszeit-Rundwege« sind sechs bis 15 Kilometer lang und eignen sich als Tages- und Halbtagestouren. www.tourismus.alb-donau-kreis.de

BUS UND BAHN

Zahlreiche Rad-Wanderbusse und Bahnen erschließen den Geopark Schwäbische Alb, sie starten in der Regel im Mai und ermöglichen an Wochenenden und Feiertagen bis in den Oktober hinein auf allen Freizeitlinien die kostenlose Fahrradmitnahme. Dazu gehören zum Beispiel der Rad-Wanderbus Laichinger Alb, der von Blaubeuren über Heroldstatt und Westerheim nach Laichingen und zurück fährt. www.tourismus.alb-donau-kreis.de

Weitere Informationen findet man unter www.archaeopark-vogelherd.de

36

OCHSENKOPF UND PORZELLAN

FELSIGES FICHTELGEBIRGE

Das wald- und felsenreiche Fichtelgebirge erhebt sich im Nordosten Bayerns hufeisenförmig auf bis zu eintausend Meter Höhe und ist eines der schneereichsten Gebiete Deutschlands. Der Ochsenkopf, der zweithöchste Berg des Gebirges, lockt in das beliebte Natur- und Aktivgebiet nach Oberfranken.

Das Felsenlabyrinth Luisenburg ist das größte seiner Art in Europa und ein Nationales Geotop. Riesige Felsbrocken, eingerahmt von Höhlen und Schluchten, bestimmen das Landschaftsbild inmitten des Fichtelgebirges. In diesem gigantischen Felsenmeer wandert man auf den Spuren von Königin Luise, schlängelt sich durch schmale Felsenschluchten und wird von den über 300 Millionen Jahre alten Granitsteinformationen verzaubert.

Porzellan-Tradition

Im Fichtelgebirge spielte die Porzellanherstellung eine bedeutende Rolle. Das Porzellanikon mit seinen zwei Standorten in Hohenberg an der Eger und in Selb ist Europas größtes Spezialmuseum für Porzellan. In Hohenberg werden über 12 000 Exponate aus dem 19. und 20. Jahrhundert gezeigt, in Selb ist das Museum in der 1969 stillgelegten ehemaligen Rosenthal-Fabrik untergebracht und beherbergt hier das Europäische Museum für Technische Keramik, das Europäische Industrie Museum für Porzellan sowie das Rosenthal Museum. Das Porzellanikon zählt zu den wichtigsten Industriedenkmälern Europas. Es präsentiert auf über 8000 Quadratmetern die Entstehungs- und Produktionsgeschichte des Porzellans in den europäischen Manufakturen und Industriebetrieben.

Wanderparadies Fichtelgebirge

Das Plätschern der Quellflüsse, Grasnarben und Gestein an den Wegrändern: Die Aktivregion Fichtelgebirge besitzt ein 3400 Kilometer umfassendes Netz an Wanderwegen mit unterschiedlichen Steigungen. Stille Täler, dunkle Fichten- und Buchenwälder sowie außergewöhnliche Stein- und Felsformationen laden zum Wandern ein. Der Fränkische Gebirgsweg verläuft sanft an- und absteigend, während Schneeberg und Ochsenkopf geübte Gipfelstürmer anziehen. Themenwanderwege erinnern an berühmte Besucher der Region wie Goethe und Jean Paul. Zu Lebzeiten zählte Jean Paul zu den geistreichsten Literaten im deutschen Sprachraum. Mit seiner Heimat Oberfranken eng verbunden ließ er die Liebe zu den malerischen Orten der Umgebung in viele seiner Werke einfließen. Kraft und Inspiration schöpfte er bei seinen Wanderungen durch das Fichtelgebirge. Der regionale Jean-Paul-Wanderweg verbindet auf 187 Kilometern mit 161 Aphorismen- und Naturinfo-Tafeln in den Orten Joditz, Hof/Saale, Schwarzenbach an der Saale, Wunsiedel, Bad Berneck und Bayreuth die wichtigsten Lebens- und Inspirationsstätten des Dichters.

INFO

ENTENHAUSEN

Daniel Düsentrieb, Dagobert Duck, Donald Duck und Micky Maus sind Comic-Fans auf der ganzen Welt bekannt. Was viele aber nicht wissen: Manche Orte aus den Comics, etwa Schnarchenreuth oder Kleinschloppen, gibt es wirklich: im Fichtelgebirge. Dr. Erika Fuchs, die fast 40 Jahre lang die Geschichten der bunten Helden übersetzte, ließ sich von ihrer Umgebung inspirieren und benannte Orte, Berge und Seen nach regionalen Realitäten. Auch die Topografie von Entenhausen ist der ihres Wohnortes Schwarzenbach an der Saale sehr ähnlich. Noch viele weitere kuriose Details gibt es im Erika-Fuchs-Haus, Deutschlands erstem Comic-Museum, zu entdecken. Das multimediale Museum auf 600 Quadratmetern ist eine Hommage an das Leben und Werk von Erika Fuchs.
www.erika-fuchs.de

Weitere Informationen findet man unter
www.fichtelgebirge.bayern

← Im Oberfränkischen Fichtelgebirge, dessen Naturpark bis nach Tschechien reicht, säumen immer wieder mächtige Felsbrocken die Wanderwege.
↑ In Schwarzenbach gibt es mit dem Erika-Fuchs-Haus ein Museum, das an eine Übersetzerin erinnert, ohne die wir Donald Duck und seine Freunde in Entenhausen nicht kennen würden.

37

PARADIESISCHER PFAFFENWINKEL

WILDE AMMERGAUER ALPEN

Der Naturpark Ammergauer Alpen ist noch immer eine überwiegend dünn besiedelte Region, in der man zur Ruhe kommen und auf einsamen Wanderwegen wilde Naturräume entdecken kann. Und in der harmonischen Landschaft des angrenzenden Pfaffenwinkels genießt man Tradition und Genusskultur.

Eine wahre Meditationslandschaft in urwüchsiger Natur: Wer zu sich selbst finden, seine Stärke wiedererlangen oder einfach mal den Kopf frei bekommen will, kann sich in den Ammergauer Alpen und im Pfaffenwinkel auf eine erholsame Entdeckungstour begeben. Dazu gibt es ein meditatives Wanderprogramm, auf dem man die Kraftorte der Naturpark-Region aufspürt. An sechs Tagen begleitet ein Naturparkführer die Gäste auf dem 85 Kilometer langen »Meditationsweg Ammergauer Alpen«, der von Bad Bayersoien über Bad Kohlgrub und Oberammergau bis nach Ettal verläuft. Unterwegs gibt es ausreichend Zeit für Pausen, Achtsamkeitsübungen und zum Innehalten. In dieser eine tiefe Ruhe ausstrahlenden Gebirgslandschaft spürt man ganz unverhofft und intensiv, welch große Kraft von der Stille ausgeht und von einer Natur, die sich niemandem aufdrängt, aber mächtig und magisch sich in unser Gemüt pflanzt.

Meditationswandern

Unterwegs auf dem Meditationsweg der Ammergauer Alpen kann man Achtsamkeit üben, Resilienz stärken und Selbstverantwortung übernehmen: Schlagworte, die gerade in diesen Zeiten immer mehr ins Blickfeld rücken. Sie kommen einem leicht über die Lippen, aber was bedeuten sie eigentlich, wie fühlen sie sich an und wo führen sie einen hin? Man könnte Studien und Experten dazu befragen, doch letztlich erfährt man die Antwort am allerbesten von sich selbst. Wer sich also auf Entdeckungsreise zu seinem Innersten begeben und gleichzeitig Abstand vom Alltag gewinnen möchte, kann dies auf dem Meditationsweg Ammergauer Alpen tun. Er führt über mehrere Etappen zu den schönsten Kraftorten der Region und durch die einzigartige Landschaft des Naturparks Ammergauer Alpen. Ganz gleich ob man lieber alleine oder in fachkundiger Begleitung unterwegs ist, der Weg ist hier das Ziel, »Loslaufen, um anzukommen« ist hier das Motto. Wer weniger als eine Woche Zeit hat, kann Tages- und Mehrtageswanderungen nutzen, auf Wegen, die es bereits seit zehn Jahren gibt. Während sie unverändert sind, haben sich hingegen die Zeiten stark geändert. Heute ist die Bedeutung des Meditationswegs aktueller denn je, sein Pilgerweg-Charakter spricht die Gruppe an Sinnsuchenden an, die, einst klein, heute beständig größer wird. »Gerade in extremen Phasen, wie wir sie jetzt erleben, spüren die Menschen verstärkt, dass diese Zeit etwas mit ihnen macht, sich Prioritäten und Einstellungen ändern, man sich und sein Tun verstärkt hinterfragt. Dass da etwas raus möchte, was sich bisher gut hinter den gewohnten Abläufen im Alltag verstecken konnte«, weiß Körpertherapeut und Wanderführer Norbert

← Für das Entdecken der imposanten Pöllatschlucht in den Ammergauer Alpen braucht man trittfestes Schuhwerk.

Parucha. Und er ist sich sicher: Wer sich hier auf den Meditationsweg begibt, wird den Antworten auf seine Fragen auf jeden Fall näherkommen, vielleicht sogar Entscheidungen treffen. Die Bewegung an der frischen Luft ist der Schlüssel, um loslassen zu können. Und wer sich von dem Drang nach Besonderheiten noch nicht ganz verabschieden kann, wird auch versorgt: Der Meditationsweg Ammergauer Alpen ist deutschlandweit der einzige, der durch einen Naturpark verläuft. Hier konzentrieren sich auf engstem Raum so viele Landschaftsformen und seltene Tiere und Pflanzen wie nirgendwo sonst. Auf insgesamt 15 Etappen reiht sich Kraftort an Naturschauplatz und Lieblingslandschaft an Sehnsuchtsort. Besonders stimmungsvolle Plätze wie der Ammerdurchbruch Scheibum, der Hörnle-Gipfel mit seiner 360-Grad-Rundumsicht sowie die Ammerquellen, aus denen klares Wasser an die Erdoberfläche sprudelt, laden entlang der Strecke zum Innehalten oder zu Atemübungen und kurzen Meditationen ein. Wer alleine unterwegs ist, findet unterwegs immer wieder Holzstelen, die von der Besonderheit des jeweiligen Ortes berichten und mit Sinnsprüchen bekannter Philosophen zum Nachdenken anregen. Man erfährt auf beeindruckende Art und Weise, dass im bewussten Gehen jede Hektik des Alltags endet, jede Form von Getriebenheit plötzlich ihren Sinn verliert. So kommt es dann auch auf dem Meditationsweg nicht auf die Zeit an, nicht einmal auf das Ziel.

Auf dem Bienenweg

Vom Facettenblick bis zum Schwänzeltanz – auch der Bienenweg im Naturpark Ammergauer Alpen ist ein Wanderweg, der für jeden Besucher Entspannung und Wissensvermittlung bereithält, ohne mit dem erhobenen Zeigefinger an Schulzeiten zu erinnern. Klee zählt zu ihren Leibspeisen, Tanzen ist ihre Sprache und über ihre Work-Life-Balance hat sie sich noch nie beschwert. Die Rede ist von der Biene. Auf dem Bienenweg in Bad Kohlgrub tauchen wandernde Gäste in den Alltag des fleißigen Insekts ein. Neun liebevoll gestaltete Informations- und Mitmachstationen verteilen sich auf dem etwa fünf Kilometer langen Rundweg zu Füßen des Hörnles, der gut ausgebaut ist und sich auch für Familien mit Kleinkindern eignet. Wie viele Blütenflüge stecken in einem Glas Honig? Wie können wir die Bienen schützen? Wie wurde aus dem Bad Kohlgruber Martin Lindauer einer der bekanntesten Bienenforscher? Diese und zahlreiche weitere Fragen werden zwischen den blütenreichen und naturbelassenen Wiesmahdhängen des Naturparks Ammergauer Alpen geklärt. Das Besondere an diesem Weg ist, dass er als großes Gemeinschaftsprojekt mit Hilfe vieler Partner vor Ort umgesetzt wurde, um der einzigartigen Naturparklandschaft gerecht zu werden. Das ist auf beeindruckende Art und Weise gelungen.

↖ Das ab 1869 erbaute Schloss Neuschwanstein war für den bayerischen König Ludwig II. das Idealbild einer mittelalterlichen Ritterburg.
← Vom Tegelberghaus in den Ammergauer Alpen hat man eine schöne Fernsicht auf das Allgäuer Alpenmassiv.
↗ Auf dem Weg zum 1700 Meter hoch gelegenen Tegelberghaus passiert man wilde Schluchten und Wasserfälle.

INFO

PEITING

»Wo der Lech die Ammer küsst« – aussagekräftiger und charmanter kann man ein Motto für eine Gemeinde im Pfaffenwinkel wohl kaum wählen. Am Zusammenfluss von Lech und Ammer im Landkreis Weilheim-Schongau gelegen, hat sich Peiting seinen bayerisch-idyllischen Charakter bewahrt. Es eignet sich besonders für sportliche Aktivitäten wie Schwimmen in Naturseen, Tennis- und Golfspielen, Reiten oder Klettern.
www.peiting.de

ROTTENBUCH

Ein wahres Wanderparadies ist die Gemeinde Rottenbuch im Herzen des Pfaffenwinkels, denn gleich drei berühmte Fernwanderwege führen direkt durch diese wundervolle Gegend. Der »König-Ludwig-Weg«, der von Starnberg nach Füssen verläuft, schlängelt sich hier vorbei. Auch der »Prälatenweg«, der Marktoberdorf mit Kochel verbindet, und nicht zuletzt der »Münchner Jakobsweg« mit Start in der bayerischen Landeshauptstadt und Ziel in Bregenz, führen durch diese Landschaft.
www.rottenbuch.de

AMMERSCHLUCHT

Eigentlich braucht man über die Ammerschlucht nicht allzu viele Worte zu verlieren: Sie gehört mit Sicherheit zu den wildromantischsten Gegenden, die Bayern zu bieten hat.
www.pfaffen-winkel.de

Weitere Informationen findet man unter www.ammergauer-alpen.de

Oben angekommen, gibt es in der bewirtschafteten Hütte bayerische Schmankerl, die Kraft für den Abstieg verleihen.

38

DURCH DEN DINO-WALD

DINOSAURIER IN DENKENDORF

Es gibt Freizeitparks, die durch den Kontrast zu ihrer Umgebung für Aufsehen sorgen. Skilaufen in der Wüste ist solch ein Beispiel, doch es funktioniert auch andersherum: Man nimmt ein Erlebnisthema und integriert das entsprechende Freiluftmuseum in eine natürliche Umgebung, zu sehen in Denkendorf.

Wenn die Umgebung dann noch perfekt dazu passt und im besten Fall auch reale Geschichtsbezüge aufweisen kann, stimmt die Standortwahl. Und wohin sollte ein Dinosaurier-Freiluftmuseum besser passen als in den Naturpark Altmühltal, die Heimat des Archaeopteryx? Hier bietet das im Jahre 2016 eröffnete Dinosaurier Museum bei Denkendorf eine faszinierende Reise zu den Giganten der Urzeit und lässt 250 Millionen Jahre Erdgeschichte lebendig werden. Dabei spielen verschiedene Aktivitäten eine tragende Rolle, denn es wurde besonderer Wert darauf gelegt, ein Freiluftmuseum zum Anfassen zu errichten: Über 70 Exponate in Lebensgröße, vom Allosaurus über den berühmten Tyrannosaurus Rex und den Velociraptor bis zum Brachiosaurus und zum Mammut können große und kleine Freunde der Urzeit hier erleben – und das hautnah, ohne viele mahnende Schilder, die berühren oder fotografieren streng verbieten. So wird der Spaziergang durch den Wald zur authentischen, erlebnisreichen Begegnung mit den mächtigen Tieren aus prähistorischer Zeit.

Steinzeit-Werkstatt

Der anderthalb Kilometer lange Rundweg entführt die Besucher auf eine spannende Zeitreise durch die Evolution. Neben den Dinosauriern sorgen auch Originalfossilien aus der Jura-Zeit für Abwechslung. An verschiedenen Stationen können kleine und große Forscher nach versteinerten Haifischzähnen und einem Diplodocus-Skelettmodell graben oder mit Hammer und Meißel auf Fossiliensuche gehen. Eine Steinzeit-Werkstatt und ein Abenteuerspielplatz sorgen zusätzlich für Spaß. Für eine Pause kann man sich im bayerischen Biergarten niederlassen, und sollte es einmal regnen, findet man in einer überdachten Halle Unterschlupf und kann sich die Sonderausstellungen ansehen.

Bajuwaren-Museum

Im Römer und Bajuwaren Museum in Kipfenberg erhält die Faszination der Vergangenheit neue Nahrung. Sein Ausstellungs-Highlight ist die Grabanlage des im Volksmund als »erster echter Bajuwar« bezeichneten Kriegers. Er gehörte einer Stammesgruppe aus Friedenhain-Přešťovice an, die um 400 n. Chr. aus Böhmen nach Bayern einwanderte. Dieser Stammesverband ließ sich zwischen Straubing und dem Nördlinger Ries nieder und wurde in alten Schriften als »baiovarii«, Männer aus Böhmen, bezeichnet. Entdeckt wurde das Kriegergrab von Kemathen, einem Ortsteil von Kipfenberg, 1990 beim Neubau einer Altmühlbrücke.

INFO

FASENICKL
Kipfenberg hat eine lange Fastnacht-Tradition. Der Kulturverein »Die Fasenickl« unterhält im Torwärterhaus ein Fastnachtmuseum, das zu seinen Exponaten historische Gewänder und Masken zählt, die auf die Barockzeit zurückgehen. Natürlich ist auch das Fastnachtstreiben mit den wilden Gestalten und den »Goaßln«, den knallenden Peitschen, sehenswert.
www.fasenickl.de

LIMESWANDERWEG
Im Denkendorfer Ortsteil Gelbelsee steht am Limeswanderweg die mächtige »Limesbuche«. Ihr Alter wird auf 500 Jahre geschätzt. Die Krone hat einen Durchmesser von 34 Metern, eine Sitzgruppe lädt zur Rast ein. Von hier aus hat man auch eine schöne Weitsicht über die geographische Mitte Bayerns.
www.kipfenberg.de

Weitere Informationen findet man unter
www.dinopark-bayern.de

← Im Naturpark Altmühltal gibt es wieder Dinosaurier: Im Dinopark bei Denkendorf sind sie lebensgroß in einem Freilichtmuseum zu bestaunen. ↑ Dabei wirken die Urzeittiere so lebensecht, dass man sich fragt, ob man die eigene Hand gefahrlos ins Maul führen kann.

39

EUROPAS GRÜNES DACH

DURCH DEN BAYERISCHEN WALD

Die größte Waldlandschaft Mitteleuropas setzt auf Nachhaltigkeit. Den ökologischen Fußabdruck verkleinern gelingt auf einer »grünen Reise« durch den Bayerischen Wald. Der älteste deutsche Nationalpark ist ein Musterbeispiel für eine an ökologischen Prinzipien ausgerichtete Region.

Mit 6000 Quadratkilometern ist der Bayerische Wald die größte Waldlandschaft Mitteleuropas. Der Nationalpark Bayerischer Wald steht seit seiner Gründung 1970 unter besonderem Schutz. Neue Urwälder entstehen, der dynamische und ursprüngliche Naturraum bietet den Besuchern auf gelenkten Wegen eine faszinierende Natur- und Tierwelt. Eine wichtige Basis für den Erhalt des Nationalparks ist ein respektvoller Umgang mit der Natur. Dies gilt auch für die beiden Naturparks Bayerischer Wald und Oberer Bayerischer Wald, die nahezu die gesamte Fläche des Bayerischen Waldes abdecken. Anders als im Nationalpark will man hier die Kulturlandschaft in ihrer Vielfältigkeit erhalten, die den Menschen Lebens-, Landwirtschafts- und Erholungsraum ist.

Im Arberland

Es lohnt sich, einen genaueren Blick auf den Arber zu werfen, um die botanischen Besonderheiten und die Vielfalt am höchsten Berg des Bayerischen Waldes zu entdecken. Nehmen wir als Beispiel die Zeit gegen Ende Juli, dann bietet die Pflanzenwelt am Arbergipfel ihren Betrachtern einen besonders prachtvollen Anblick. Vor allem der Ungarische Enzian sorgt mit seinen Blüten für Aufsehen. Daneben weist der Arbergipfel viele weitere zwar weniger auffällige, aber ebenfalls seltene und geschützte Pflanzenarten auf. Denn vor allem sogenannte Eiszeitreliktarten konnten aufgrund des rauen Klimas im Gipfelbereich am Arber überdauern. Die Besenheide, die es als Blume des Jahres 2019 zu größerer Bekanntheit gebracht hat, steht am Arber ebenfalls im Mittelpunkt der Betrachtung. Auch dank der wegweisenden Besucherlenkungsmaßnahmen hat sich hier im Bayerischen Wald eine einzigartige Flora auf den Borstgrasrasen und Felsfluren erhalten.

Eine gute Möglichkeit, die Vielfalt des Bikens im Bayerischen Wald kennenzulernen, ist die »Arberland-Runde«. Die Tour führt in vier Tagesetappen auf 200 Kilometern einmal durch den Landkreis Regen, dabei durch Natur- und Nationalpark und hinauf auf die Bayerwaldgipfel. Insgesamt werden dabei über 5000 Höhenmeter zurückgelegt. Die Abfahrt zum Großen Arbersee, die Single-Trails am Wagensonnriegel oder die gemütliche Passage über die sonnigen Schachten, ehemalige Weideflächen im Nationalpark, sind nur eine Auswahl der Bike-Highlights, die diese Tour bietet. Hier befindet man sich immer wieder alleine in unberührter Natur. Auch der Gunthersteig ist für Biker ein Pilgerweg mit mittlerem Schwierigkeitsgrad, der auf 160 Kilometern durch den Bayerischen Wald und den Böhmerwald führt und unver-

→ Die wilden Rißlochwasserfälle bei Bodenmais im Bayerischen Wald sollte man früh morgens besuchen, tagsüber setzt der Besucherstrom ein.

← Ranger wie Ludwig Kuchler üben ihren Beruf mit Leib und Seele aus und sind ein Glücksfall für den Naturschutz im Bayerischen Wald.
↙ Im Nationalpark Bayerischer Wald wie hier an der Mittelsteighütte wird nicht in das Waldgeschehen eingegriffen, die Natur bleibt sich selbst überlassen.
↘ Wer dem Urwalderlebnisweg Hans-Watzlik-Hain folgt, findet bei Zwiesel unberührte Natur und wilde Baumformationen.

gessliche Erlebnisse bietet. Wer am Gunthersteig unterwegs ist, findet eine ruhige Strecke direkt vor der Haustüre. Und damit öffnet er, abseits der bekannten Hotspots, auf unbekannten Pfaden neue Blickwinkel auf die Landschaften des Bayerischen Waldes. Der Weg ist ein historischer Besiedlungsweg Bayerns und Böhmens und führt vom Kloster Niederalteich an der Donau durch den Bayerischen Wald bis zum böhmischen Dorf Dobrá Voda und weiter nach Blatná.

Artenvielfalt im Nationalpark

Auch der Nationalpark Bayerischer Wald im Osten Niederbayerns an der Grenze zu Tschechien ist ein Großschutzgebiet, das zusammen mit dem benachbarten Nationalpark Šumava in Tschechien das größte zusammenhängende Waldschutzgebiet Mitteleuropas bildet. Kein Wunder, dass dieses Gebiet auch als das »Grüne Dach Europas« bezeichnet wird. Im Jahre 2020 feierte der erste und älteste Nationalpark Deutschlands seinen 50. Geburtstag, heute umfasst das Nationalparkgebiet eine Fläche von 24 250 Hektar. Rund 98 Prozent der Fläche sind Wälder, 72 Prozent davon als Naturzonen ausgewiesen. Und der Nationalpark wächst weiter, denn er soll um weitere rund 600 Hektar in der Nähe von Finsterau erweitert werden. Gemäß dem Leitsatz »Natur sein lassen« dürfen sich die Wälder im Nationalparkgebiet mit ihren Mooren, Bergbächen und Gipfellagen nach ihren eigenen Gesetzen zu einer grenzenlosen Waldwildnis entwickeln. So wird allmählich und bei ausreichender Geduld eindrucksvoll zu beobachten sein, wie aus dem Wirtschaftswald von gestern der Urwald von morgen entsteht. Eine staunenswerte Artenvielfalt ist die Folge: Seltene Tiere wie Luchs, Auerhuhn und Habichtskauz sowie verschiedene Urwaldreliktarten an Totholzkäfern finden dadurch wieder ein Zuhause. Besondere Anziehungspunkte sind das Nationalparkzentrum Falkenstein mit dem »Haus zur Wildnis«, Tier-Freigelände und Steinzeithöhle sowie das Nationalparkzentrum Lusen mit einem Tier-Freigelände und einem imposanten Baumwipfelpfad.

Burgen-Ausblicke

Auf den Höhenlagen des deutsch-tschechischen Grenzkamms entstand ab dem 11. Jahrhundert eine Reihe an Burgen, deren Überreste bis heute beeindrucken, darunter die Burgruinen Drachenturm, Schwarzenburg und die Burgställe Altenschneeberg und Bleschenberg. Sie bieten wunderschöne Panoramablicke auf den Bayerischen Wald. Und wer ökologischen Weitblick beweisen will, wählt für seine Reise in den Bayerischen Wald die öffentlichen Verkehrsmittel. Ob mit Bus oder Bahn, der Bayerische Wald ist von überall gut zu erreichen. Die wichtigsten Einrichtungen und die Hauptwandergebiete im Nationalpark Bayerischer Wald erreicht man bequem mit den »Igelbussen« und der »Waldbahn«. Gut zu wissen: Mit der »Guti-Gästekarte« nutzt man den gesamten Öffentlichen Personennahverkehr im Bayerischen Wald kostenlos.

INFO

RADELN IM GLASZENTRUM

Die Radfahrverbindung zwischen Zwiesel und Viechtach verläuft am Schwarzen Regen entlang. Der Fluss präsentiert sich in weiten Teilen als eine ursprüngliche und wilde Flusslandschaft. Eine Radtour am Regentalradweg steht ganz im Zeichen des Glases und verbindet Glaskunst mit Glashandwerk, Glasgeschichten mit Tisch- und Gebrauchsglas zum Verlieben. Zwiesel ist einer der bedeutendsten Glas-Orte, an dem man entlang der Glasstraße vorbeikommt. Im Zwieseler Winkel wird seit 600 Jahren Glas verarbeitet. Theresienthal belieferte schon den Zarenhof und den Kaiserhof in Frankreich.
www.dieglasstrasse.de

SCHACHTEN

Der Große Arber ist der höchste Berg im Bayerischen Wald, eine Bergbahn führt hinauf und macht ihn damit zum beliebten Ski- und Wanderberg. Als einziger Gipfel im Bayerischen Wald erreicht der Große Arber die Waldgrenze. Eine weitere Besonderheit am Großen Arber sind seine jahrhundertealten Traditionen. Noch immer treiben »Weiderechtler« jeden Sommer ihre Rinder auf die Waldweiden, die »Schachten«. Diese 500 Jahre alte Kulturlandschaft würde es hier ansonsten nicht mehr geben.
www.arberland.de

Weitere Informationen findet man unter www.bayerischer-wald.de

Die Rißlochwasserfälle gehören zu den besonderen Sehenswürdigkeiten in der Arber-Region.

SPAZIERGANG UNTER BÄUMEN

AUSZEIT MIT WALDBADEN

Wer aufmerksam einen Wald betritt, wird sehr schnell die bemerkenswerte Erfahrung machen, dass sich seine Schritte verlangsamen, sich sein Gehör und sein Geruchssinn schärfen und seine Augen von einem flackernden Umherirren in einen Modus der ruhenden Fixierung einzelner Szenerien wechseln.

Dabei vollzieht sich dieser Wandel unserer Wahrnehmungsgewohnheiten beinahe unbemerkt. Und mit stillem Staunen stellen wir fest, wie sehr sich der herbe Duft von Kiefernholz von dem leicht süßlichen Geruch eines Birkenhains im Sonnenlicht unterscheidet, wie feuchtes Moos sich farblich von einer Moorwiese abhebt und dass Eichenwälder, die sich im Wind bewegen, völlig anders klingen als ein Tannenwald. Mit einem Mal merken wir, dass alle Aufgaben, die das alltägliche Leben für uns bereithält, ein gänzlich anderes Gewicht erhalten. Sie ver-

←↙↓ Ob Eichen, Buchen, Birken, Linden oder Eiben, selbst Nadelbäume üben sehr schnell eine magische Wirkung auf uns aus. Die moderne Wissenschaft hat nachgewiesen, dass bei regelmäßigen Waldspaziergängen sich unsere Gesundheit und die Abwehrkräfte positiv entwickeln. Also nichts wie hinaus und rein in den Wald – und das zu jeder Jahreszeit.

schwinden mit der fortschreitenden Zeit des Waldspaziergangs fast völlig aus unserer Gedankenwelt. Wir kommen zu einer tiefen inneren Ruhe, die wie ein wohliges Gefühl mit jedem Schritt weiter ins uns aufsteigt. Wir lauschen dem Ruf der Vögel und spähen ohne Hast ins Dickicht, halten Ausschau nach den scheuen Waldbewohnern, naschen Walderdbeeren und sind offen und frei für Neues. Es vollzieht sich in uns eine Verwandlung, wenn wir den Lärm der Welt hinter uns lassen, in den Wald eintauchen, unsere Hast abstreifen und die Sinne schärfen für das, was wirklich zählt: atmen, gehen, entschleunigen.

Bäume verstehen

Vielleicht kommt uns dann der römische Dichter Ovid in den Sinn, der in seinen »Metamorphosen« das Wesen der ewigen Verwandlung beschrieb. Auch wenn heute keine römischen Götter mehr über diese Verwandlungen von Menschen, Tieren und Pflanzen herrschen, sondern eher unendliche digitale Zahlenreihen, sind wir im Wald weitgehend selbstbestimmt und auf uns zurückgeworfen. Henry David Thoreau und sein ewig junges Werk »Walden oder Leben in den Wäldern« von 1845 lassen grüßen. Ob wir jemals einen göttergleichen Verwandlungsgrad erreichen, um vom Mensch zum Bären oder zum Baum zu werden, sei dahingestellt. In virtuellen Welten mit einer Brille vor dem Kopf können wir das bereits. Aber tief im Wald kann jeder erahnen, was die Sprache der Bäume uns mitteilt: »Sei stark, strebe dein inneres Gleichgewicht an, lebe langsam, nimm deine Stärken und Schwächen an, wachse, wandle und reife.« Auch in Deutschland wird »Waldbaden« immer populärer. Der Trend stammt aus Japan, wo er in den 1980er-Jahren aufkam. Dort ist »Shinrin Yoku« eine anerkannte Stress-Management-Methode und wird vom Gesundheitswesen gefördert. Versuchen Sie es, gehen Sie in den Wald, das geht auch ohne Überweisung!

40

IM REICH DER RINGELNATTER

NATURSCHUTZGEBIET FINKENSTEIN

Nordwestlich von Neuburg an der Donau liegt mit dem Finkenstein ein kleines, aber von ursprünglicher Wildheit geprägtes Naturschutzgebiet, das eine große Artenvielfalt aufweist. Dazu gehört auch der weltweit einzige Standort des Bayerischen Federgrases.

Manchmal ist Mückenschutz unerlässlich, besonders dann, wenn man im Frühsommer in einem Naturschutzgebiet an der Donau unterwegs ist. Wenn die summenden Plagegeister es nur nicht immer auf unser menschliches Blut abgesehen hätten, offenbar eine Delikatesse für sie. Wer sich also im Naturschutzgebiet Finkenstein zum Felsenaussichtspunkt Finkenstein kurz vor Neuburg an der Donau auf den Weg macht, sollte vorsichtshalber ein entsprechendes Mückenmittel dabei haben. Das bedeutet allerdings nicht, dass eine Wanderung durch das rund sechs Hektar große Naturschutzgebiet eine Plage wäre. Ganz im Gegenteil: Durch eines der ältesten Bayerischen Naturschutzgebiete zu wandern, ist ein besonderer Genuss. Man kann sich von Riedensheim oder Bittenbrunn aus auf den Weg machen. Ein weiterer Startpunkt ist ein kleiner Parkplatz an der Straße 2214 in der Nähe des Tierschutzvereins zwischen beiden Orten, von dem aus man sogleich in das Herzstück des Gebietes gelangt.

Im Urdonautal

Vor mehreren zehntausend Jahren grub die Donau kurz vor Neuburg einen Durchbruch ins Gestein und hinterließ verschiedene Felsenanbrüche. Die Riffelsen des Finkenstein mit ihren zum Flusstal hin offenen Hängen gewähren einen wunderbaren Ausblick auf das Donautal und zum Antoniberg im Westen. Hier beginnt der Neuburger Donaudurchbruch. Auf diesem Jurafelsen sind seltene Tier- und Pflanzenarten zu Hause: Hier sonnt sich die Ringelnatter, flattern Schmetterlinge über den Hang, und ausschließlich hier gibt es *Stipa bavarica*, das Bayerische Federgras. Neben der ökologischen Bedeutung für Tiere und Pflanzen beeindruckt das Gebiet auch mit seinen mächtigen Laub- und Nadelbäumen. Und das Fischerkreuz am Finkenstein erinnert an die Fischrechte der Neuburger Fronfischer.

Etwas weiter östlich bei Neuburg liegt das Arco Schlösschen. Seinen Namen verdankt es dem königlich bayrischen Major Alois Graf von Arco-Steppberg, der das Anwesen 1838 in Besitz nahm. Das über dem Nordufer der Donau auf einem Jura-Uferhöhenzug gelegene Schlösschen wurde 1805 durch den Grafen Karl August von Reisachruh erbaut. Bis 1780 wurden hier noch Reben gepflanzt und ein sogenannter Hörlawein gekeltert. Das Kelterhaus steht nicht mehr, denn Graf Reisach verwandelte den Weinberg in einen schönen Park und erbaute darin 1805 ein Ruhe- und Sommerschlösschen, das er »Reisachruh« nannte.

← Vom Finkenstein aus, 200 Meter über der Donau gelegen, genießt man einen wunderbaren Blick hinunter ins Urdonautal.
↓ Die Donau bei Neuburg weist dicht bewaldete Ufer auf, das romantische Arco-Schlösschen besitzt eine bevorzugte Lage.

INFO

ALPAKAS
Im Neuburger Ortsteil Marienheim züchtet Maria Wohlfahrt seit 1994 Alpakas und verkauft Wolle von ihren eigenen Tieren. Die Herde kann man mit Voranmeldung besuchen und die neugierigen und sanften Wesen hautnah erleben. Für Familien mit Kindern ist das ein besonderes Erlebnis, denn die Tiere sind äußerst intelligent und einfühlsam.
www.goldstar-alpakas.de

ÜBERNACHTEN
Im Hotel Restaurant Kirchbaur Hof in Bittenbrunn kann man stilvoll übernachten und ausgezeichnet speisen. Die Küche bietet regionaltypische Menüs mit Wild aus eigener Jagd und Fisch aus eigenen Gewässern. Der ehemalige Widumhof geht auf das 13. Jahrhundert und den Bischof von Augsburg zurück.
www.hotel-kirchbaur.de

Weitere Informationen findet man unter
www.urdonautal.info

41

DEN RITTERN AUF DER SPUR

OBERE VESTE TREUCHTLINGEN

In der mittelfränkischen Stadt Treuchtlingen kann man eine spannende Zeitreise unternehmen und dabei die Wälder des südlichen Hahnenkamms, eines Nebengebirges der Fränkischen Alb, durchstreifen. Auch kulinarische Erlebnisse kommen dabei nicht zu kurz.

Haben Sie schon einmal etwas von den »Ulrichen« und den »Wirichen« gehört? Nein, hier handelt es sich nicht um Biersorten, Wichtelmännchen oder sonstige mehr oder weniger nützliche Dinge. Ein geheimes Kartenspiel für Eingeweihte eines esoterischen Zirkels oder gar verborgene Rituale eines Geheimbundes sind es ebenfalls nicht, auch wenn die Vorstellung, dass sich auf der Oberen Veste zu Treuchtlingen an mondhellen Nächten allerlei mystische Gestalten ein Stelldichein geben, einen gewissen Reiz haben mag. Die perfekte Kulisse dafür ist vorhanden, doch dagegen spricht die durchaus aufgeschlossene Art, mit der die Burganlage sich den Besuchern zeigt. Wer in der Tourismus-Information in Treuchtlingen höflich anfragt, bekommt gegen eine kleine Kaution, den Schlüssel für den Burgturm ausgehändigt und kann auf eigene Faust emporsteigen und den Ausblick auf die Anlage, auf Treuchtlingen und die umliegenden Wälder genießen. Und Ulriche und Wiriche werden ihm nicht mehr begegnen.

Obere und Niedere Veste

Die Obere Burg von Treuchtlingen wurde um 1100 auf einem Hügel errichtet, von dem aus man beste Sicht hatte. Etwa zur gleichen Zeit entstand auch unten im Ort ein Turmhaus, ein Vorgänger des heutigen Treuchtlinger Stadtschlosses. Bis ins 14. Jahrhundert gab es zwei Adelslinien, die Wiriche oben auf der »Oberen Veste« und die Ulriche unten im Tal in der »Niederen Veste«. Man kann sich denken, dass beide Adelsgeschlechter sich nicht besonders grün waren, die Fehde um die Alleinherrschaft über Ort und beide Burgen entschied Wirich III. 1354 für sich. Viel Glück hat ihm das nicht gebracht, bereits 1422 erlosch sein Adelsgeschlecht. Ende des 15. Jahrhunderts verfiel die Burg. Heute kümmert sich die Fördergemeinschaft Burg Treuchtlingen vorbildlich um die Pflege der imposanten Höhenburg.

Naturerlebnispfade

Damit auch das Naturerleben nicht zu kurz kommt, lassen sich aus dem Angebot von sieben gut ausgeschilderten Thementouren rund um Treuchtlingen abwechslungsreiche Rundwanderungen ganz nach persönlichem Geschmack auswählen. Die Routen sind zwischen zwei und 16 Kilometer lang, ihr Anforderungsprofil reicht von leicht bis mittelschwer. Vom barrierefreien Rundweg durch den Kurpark über den familienfreundlichen Naturerlebnispfad am Nagelberg bis hin zur genussvollen Wirtshaus-Tour ist für jeden Anspruch etwas dabei.

INFO

MUSEUMSBESUCHE
Eine spannende Zeitreise in die lokale Geschichte kann man im Museum Treuchtlingen in der Heinrich-Aurnhammer-Straße 12 unternehmen, die von der Steinzeit bis zur Völkerwanderung, von den Merowingern bis in die Neuzeit führt. Im Stadtschloss Treuchtlingen lohnt sich auch der Besuch des Informationszentrum Naturpark Altmühltal und des Posamenten-Museums, hier erfährt man alles Wissenswerte über die Fabrikantenfamilie Aurnhammer und die Bortenmacherindustrie.

EINKEHR ZUR BROTZEIT
Nördlich von Treuchtlingen im Ortsteil Wettelsheim kann man von Mai bis September im Wettelsheimer Keller unter schattigen Laubbäumen und mit schöner Fernsicht eine traditionelle Brotzeit genießen.
www.wettelsheimer-keller.de

Weitere Informationen findet man unter
www.tourismus-treuchtlingen.de

← Hoch über Treuchtlingen thront die Obere Veste, eine mittelfränkische Spornburg aus dem 12. Jahrhundert, die heute noch besichtigt werden kann.
↑ Das Stadtschloss von Treuchtlingen ist umgeben von einer gepflegten Parkanlage, durch die man in Ruhe wandeln kann.

42

FROSTGEFÜHLE IM SOMMER

DAS FIGURENFELD EICHSTÄTT

In einer Mulde zwischen Eichstätt und Landershofen liegt im Hessental ein versteckter Ort, der dem Besucher wie ein bizarres Schlachtfeld menschlicher Körper erscheint. Der Bildhauer Alois-Wünsche-Mitterecker hat hier ein beeindruckendes Mahnmal gegen den Krieg geschaffen.

Der geschotterte Parkplatz an der Jura-Hochstraße erscheint wie verlassen. Mannshohe Büsche umwuchern eine Tafel, die sich mit einigen Informationen zu Künstler und Werk in einer Ecke versteckt. Am frühen Morgen ist es bereits sehr warm, ein strahlender Sommertag zieht heran, der die Felder dampfen lässt. Ein schmaler Pfad durchs Gebüsch führt auf ein Feld, das an seinem Ende in eine Senke übergeht. Auf der Hügelkuppe bewacht eine Steinfigur das Land, ihr pilzförmiger Kopf scheint Augen zu haben, die in alle Himmelsrichtungen blicken. Wer nähert sich hier? Hat er gute Absichten?

Gegen das Vergessen

Die Frage ist berechtigt, denn das Figurenfeld von Alois Wünsche-Mitterecker (1903–1975) hat im Laufe der Jahrzehnte nicht nur Kunstinteressierte angezogen, sondern auch Feinde gehabt. Die 78 überlebensgroßen Skulpturen – menschliche Körper und Körperfragmente – wurden angefeindet, doch selbst eine Attacke mit Vorschlaghämmern kurz vor der Eröffnung des Figurenfeldes im Jahr 1979 haben sie überlebt. Nach dem Tod des Künstler 1975 war das Figurenfeld nach seinen Plänen fertiggestellt worden, ein Mahnmal gegen Krieg und Gewalt und sinnloses Sterben auf den Schlachtfeldern der Welt. Hier gibt es keine Sieger und Besiegten, keinen Trost und kein Vergessen. Wer sich auf dem Hang mit den vereinzelten Wacholderbüschen durch die Gefallenen und Gestürzten hindurchbewegt, spürt plötzlich eisige Kälte aufsteigen. Der Winter im Sommer kriecht die Beine hoch – ein beklemmendes Gefühl, das einen erst wieder verlässt, wenn man die Hügelkuppe erreicht hat. Die Sinnlosigkeit des Krieges hat bei Eichstätt ein bewegendes ewiges Mahnmal erhalten.

Ur- und Frühgeschichte

Schon am Eingang begrüßt ein gewaltiges Skelett eines Mammuts den Besucher, der Urzeitmensch darunter werkelt an seiner Feuerstelle und wirkt dagegen wie eine Ameise. Ganz so weit auseinander war das Kräfteverhältnis sicher nicht, als Jäger und Sammler waren unsere Vorfahren durchaus erfolgreich. Auch große Lebewesen haben sie erlegt – mit welchen Techniken, Waffen und Handwerkszeugen zeigt das Museum für Ur- und Frühgeschichte in Eichstätt. Es ist im ersten Obergeschoss des Gemmingenbaus auf der Willibaldsburg untergebracht. Hier wird auf eindrucksvolle Weise die Entwicklungsgeschichte der Region von der Steinzeit bis zum Frühmittelalter gezeigt.

← Wer in unruhigen Zeiten lebt, dem sei ein Besuch des Figurenfeldes bei Eichstätt empfohlen. Die mächtigen Skulpturen zeigen das ganze Leid und den Wahnsinn der Kriege.
↓ Ein Spaziergang zwischen den Steinfiguren lässt kalte Schauer über den Rücken laufen.

INFO

WILLIBALDSBURG
Die Willibaldsburg wurde 1355 vom Bischof Berthold Burggraf von Zollern gebaut und diente bis 1725 als Bischofssitz. Heute kann man den Turm besteigen und von oben eine großartige Panoramasicht auf Eichstätt und das Altmühltal genießen.
www.histver.de

FOSSILIENPFAD
Ab Eichstätt führen abwechslungsreiche Wanderwege als Tages- und Halbtagestouren in die Umgebung, so auch der »Eichstätter Fossilienpfad«. Das Thema dieses Lehrpfads ist die Jurazeit: Vom Eichstätter Bahnhof führt er hinauf zum Jura-Museum und zum Fossiliensteinbruch am Blumenberg. Ein industriell genutzter Steinbruch steht für die große Bedeutung der Steinindustrie in der Region. Doch auch die Steinbrüche werden im Laufe der Zeit wieder zum Biotop: Eines davon liegt an der Strecke.

Weitere Informationen findet man unter
www.eichstaett.de

43

WANDERN DURCH DEN EICHENWALD

WALDLEHRPFAD COLMBERG

Der Markt Colmberg liegt mitten im Naturpark Frankenhöhe, umgeben von einer Landschaft aus Wäldern, Wiesen und Feldern. Colmberg hat sich seinen ursprünglichen fränkischen Charme bewahrt, seine Fachwerkhäuser und eine mächtige Burg prägen den Ort.

Analyseberichte staatlicher Stellen sind nicht gerade als spannende Unterhaltungs- oder Informationsliteratur bekannt, der jährliche Waldzustandsbericht des Bundesagrarministeriums verdient aber Aufmerksamkeit, denn jeder Naturfreund weiß: Der deutsche Wald ist bedroht und ernsthaft krank. Zwar haben sich unsere Wälder ein wenig erholt, verschlechtert hat sich allerdings der Zustand der Eichen, bei denen rund 50 Prozent schwere Schäden aufweisen. Das heißt im Klartext: Jede zweite Eiche ist krank. Dazu trägt in letzter Zeit auch der Eichen-Prozessionsspinner bei, der ganze Bäume kahlfressen kann. Doch es gibt auch gute Nachrichten. Die Buchen und Kiefern erholen sich und zeigen wieder dichtere Kronen.

Eichenwaldlehrpfad

Da fühlt man sich geradezu im Waldparadies, wenn man den Colmberger Eichenlehrpfad durchstreift. Ausgangspunkt ist die Kirche St. Ursula am Kirchberg, zu empfehlen als Einstieg ist aber auch der Parkplatz am nördlichen Ende des rund vier Kilometer langen Rundwegs, denn von hier aus geht es zunächst sanft bergab. Der Weg führt durch 200 Jahre alte Eichen-Mischwälder, die sich in Burgnähe am Heubuck und dem Lochrangen entlangziehen. Besonders faszinierend sind jene Wegabschnitte, in denen die Kronen der Eichen und Buchen ein fast geschlossenes Dach bilden. Urkundlich erwähnt wurden die Wälder bereits im Jahr 1000, als Kaiser Otto III. Teile davon dem Bischof von Würzburg schenkte. Im 18. und 19. Jahrhundert wurden viele Eichenwälder zur Rohstoffgewinnung in Nadelwälder umgewandelt. Die Colmberger Eichenwälder blieben erhalten, nicht zuletzt weil die Bewohner von Colmberg ihre Schweine der vielen Eicheln wegen in den Wald trieben.

Burg Colmberg

Über allem thront die Burg Colmberg. Was andere Festungen nur vorgeben, kann Burg Colmberg mit Fug und Recht von sich behaupten: Sie war tatsächlich eine Raubritterburg par excellence. Das bezeugen die Geschichtsbücher der Reichsstadt Rothenburg ab den Jahren 1274. Ihr Ruf als Sitz grausamer Raubritter war über die Jahrhunderte so schlecht geworden, dass sich die Grafen von Truhendingen Ende des 13. Jahrhunderts endgültig von ihr trennten und sie in den Einflussbereich der Hohenzollern geriet. Heute beherbergt Burg Colmberg ein schönes Hotel und Restaurant, von dem aus man einen wunderbaren Panoramablick auf das Altmühltal und über die Frankenhöhe hat.

INFO

BIENENSTAND
Am südöstlichen Ende des Eichenwaldwegs in Colmberg liegt der Bienenlehrstand der Colmberger Imker. Dort erfährt man alles über das Leben der Bienenvölker, die es durch die Pestizidbelastung landwirtschaftlicher Nutzflächen immer schwerer haben.

FLUGPIONIER
Im benachbarten Leutershausen ist das Gustav-Weißkopf-Museum untergebracht, das über Leben und Wirken des ersten Motorfliegers der Welt Auskunft gibt. Dem hier geborenen und später nach Amerika ausgewanderten Erfinder gelang am frühen Morgen des 14. August 1901 in der Nähe von Bridgeport/Connecticut mit seiner Flugmaschine »Nr. 21« der erste bemannte Motorflug in der Luftfahrtgeschichte, als sein schnittiger Eindecker vom Boden abhob und nach einer halben Meile wieder sicher landete.
www.weisskopf.de

Weitere Informationen findet man unter
www.colmberg.de

← Eine perfekte Wandlung von einer Raubritterburg zum charmanten Hotel mit Restaurantbetrieb hat Burg Colmberg vollzogen.
↑ Die Eichenwälder rund um den Ort Colmberg sind besonders schützenswert, es gab sie schon vor über tausend Jahren.

Wälder, Wiesen und (Sonnenblumen-) Felder umgeben den Ort Colmberg mitten im Naturpark Frankenhöhe.

44

DEUTSCHORDENSBURG UND HEILIGES GRAB

MYSTISCHER WALD VIRNSBERG

Verwunschene Burgen und Schlösser üben zumeist eine große Anziehungskraft aus. In der Ferienregion Romantisches Franken gibt es auf der Frankenhöhe bei Virnsberg eine Burg- und Schlossanlage, die mit ihrer Lage in idyllischer Landschaft und ihrer Deutschordensgeschichte wie ein Märchentraum erscheint.

Schlösser und Burgen sind Orte voller Geschichte, Glanz und Gloria. Wir durchstreifen sie und staunen über all das prachtvolle Interieur, die prunkvollen Räume oder den wehrhaften Charakter. Faszination muss aber nicht zwangsläufig mit einer Menge vergoldetem Stuck, alten Meistern und mächtigen Kanonen zu tun haben. Schloss Virnsberg, an der alten Hochstraße zwischen Oberdachstetten und Flachslanden gelegen, ist dafür ein gutes Beispiel. Das Schloss zieht viele Besucher an, und das aus zwei Gründen: Zum einen findet man hier eine der seltenen fränkischen Schloss- und Burganlagen, die Höhenburg und Wasserschloss zugleich sind, zum anderen lässt die bisher nur teilweise Renovierung den Betrachtenden viel Raum für ritterliche Gedankenspiele. Gerade die unvollendet erscheinenden Bereiche verleihen dem Gesamtensemble einen authentisch-mittelalterlichen Charakter. Und im Herbst und Winter strahlt Schloss Virnsberg eine sanfte Melancholie aus, die einen Spaziergang durch die Wälder und Wiesen um die Burg auch im Schnee zu einem romantischen Erlebnis macht.

Bewegte Geschichte

Die erste schriftliche Erwähnung ist für das Jahr 1235 belegt, von 1294 bis 1806 gehörte die Anlage dem Deutschen Orden, ein Geschenk des Burggrafen Konrad des Frommen aus Nürnberg. Danach verzeichnete die Anlage, bestehend aus polygonalem Hauptschloss und dem barocken unteren Wirtschaftshof, wechselnde Burgherren, bis sie 2017 in den Besitz einer Münchner Investorenfirma überging. Die Schlossanlage Virnsberg kann von Mitte März bis Mitte Oktober nach Voranmeldung im Rahmen einer privaten Führung durch die historischen Räume besichtigt werden. Treffpunkt ist die Brücke vor dem Haupttor. Auch Hochzeitsfeiern finden hier statt. Wer also von einer standesamtlichen Trauung in märchenhafter Atmosphäre träumt, kann seinen ganz persönlichen Glückstag im wildromantischen, verwunschenen Schloss über der grünen Hügellandschaft des Romantischen Frankens wahr werden lassen. Wer hier sein Jawort gibt – ob im kleinen familiären Kreis oder in großer Gesellschaft –, nimmt die sagenumwobene Kulisse als unvergessliche Erinnerung mit nach Hause. Im Schloss gibt es auch Platz für Geburtstagsfeiern, Familienfeiern und Jahrestage. Nicht versäumen sollte man es allerdings, sich im Schafhof das Virnsberger Heilige Grab aus dem 18. Jahrhundert anzusehen. Das Kulissengrab gehört zu den schönsten und kunsthistorisch bedeutendsten seiner Art in ganz Deutschland. Heilige Gräber stellten in katholisch geprägten Gegenden das Karfreitagsgeschehen als Bildpredigt dar.

← Schloss Virnsberg thront auf der Frankenhöhe in nahezu perfekter Lage. An ihm nagt der Zahn der Zeit, mit der Restaurierung wurde begonnen.
↓ Große Teile des überwucherten Wehrgrabens wurden bereits wieder freigelegt.

INFO

FRÄNKISCHE GASTLICHKEIT
Der Gasthof Zum Kreuz in der Schlossstraße in Virnsberg befindet sich seit 1825 in Familienbesitz. Seine regionaltypischen Speisen und Getränke sind von hoher Qualität. Von der schönen Terrasse aus blickt man über die Höhen des Rangau. Auch im benachbarten Sondernohe bekommt man im Geflügelhof und Bauernladen Hofmann ausgezeichnete regionale Produkte.
www.zum-kreuz-virnsberg.de und
www.hofmann-bauernladen.de

NATURLEHRPFAD
Am westlichen Ortsrand von Flachslanden ist ein Naturlehrpfad entstanden, auf dem man Gesteinsarten, Bäume, Sträucher und Fährten heimischer Wildtiere erkunden kann. Aufgeschnittene Stämme heimischer Bäume informieren über deren Bestandteile wie Rinde, Jahresringe und Adern. Der Naturlehrpfad ist über den Bergleiner Weg ganzjährig frei zugänglich.

Weitere Informationen findet man unter
www.schloss-virnsberg.de

45

SCHUTZRAUM VOR WILDEN GESELLEN

STREUOBSTORT BURGBERNHEIM

Im mittelfränkischen Städtchen Burgbernheim, einem anerkannten Erholungsort im Naturpark Frankenhöhe, geht es in der Regel beschaulich zu. Eingebettet in die hügelige Landschaft mit vielen Streuobstwiesen vermutet man wenig Wildes. In der Ortsgeschichte findet man aber staunenswerte Zeugnisse.

Wer schon einmal in Südfrankreich auf den Spuren der Katharer und Albingenser unterwegs war, dem sind sicher die vielen Wehrkirchen, Gotteshäuser mit Burgcharakter, aufgefallen. Doch braucht man gar nicht so weit zu fahren: Auch in Franken wurde um 1300 mit der Befestigung von Kirchen und Friedhöfen begonnen, denn es waren unruhige Zeiten. Im ausgehenden Mittelalter verlor der Kaiser immer mehr an Macht und Einfluss, die Fürsten bekriegten sich gegenseitig, benachbarte Ländereien wurden geplündert und verwüstet. Die Leidtragenden waren die Bauern und das einfache Volk, die sich keine Befestigungsanlage leisten konnten. So zog man um Kirche und Friedhof immer höhere Mauern, baute Türme und Wehrgänge und schuf so richtige »Kirchenburgen« als Zufluchtsstätten vor marodierenden Heeren und ruchlosen Haufen wilder Gesellen. Eine Kirche, die, obgleich innen äußerst freundlich und hell, an diese dunkle Zeit erinnert, ist die St. Johanniskirche in Burgbernheim.

Wehrhafte Kirchenburg

Das Gotteshaus bietet noch heute, nicht zuletzt durch seine exponierte Lage auf dem Kapellenberg, ein beeindruckendes Beispiel einer Wehrkirche aus dem 12. Jahrhundert. Ihre romanischen und gotischen Elemente fügen sich harmonisch ineinander. Von der einst doppelt ummauerten Wehranlage sind heute noch Rundturm, Steinbrücke und Tor zu sehen. Von Bischof Einhard 1102 erbaut, wurde sie im 13. Jahrhundert zur Kirchenburg ausgebaut. Das prachtvolle romanische Südportal, die neugotische Innenausstattung und die Altarbilder aus dem Jahre 1876 von Ludwig und Jean Herterich lohnen den Besuch. In der Mitte erscheint der auferstandene Christus, links davon Johannes der Täufer als Namensgeber der Kirche, und die rechte Bildtafel zeigt den Evangelisten Johannes.

Durstig macht an sonnigen Tagen der kurze Weg hinauf zum historischen Torhaus zwar auch, aber er lohnt sich. Das Torhaus mit Glocke stammt von 1545 und war einst Teil der Wehrkirchenanlage. Ursprünglich bestand der untere Teil aus Holz, mit einer Zugbrücke konnte ungebetenen Gästen der Zugang verwehrt werden. Erst 1723 erhielt das Gebäude steinerne Grundmauern. Wenige Schritte östlich befindet sich der Seilersturm, der einzige noch erhaltene Eckturm der Wehranlage. Sein achtseitiges Fachwerkobergeschoss mit dem Pyramidendach stammt ebenfalls aus dem 16. Jahrhundert. Den Namen verdankt der Turm seinem letzten Bewohner, einem gewissen Herrn Seiler.

INFO

LANDSCHAFTSSEE
Eine Wasserfläche von fünf Hektar bietet der große Landschaftssee nördlich von Burgbernheim. Hier kann man angeln, die Pflanzen- und Tierwelt beobachten oder einfach nur in Ruhe spazieren gehen. Der Gasthof Zum Goldenen Hirschen in der Windsheimer Straße im Ortszentrum bietet sich zur Einkehr an, er serviert ofenfrische Schäufele und Haxen.
www.gasthofhirschen.de

APFELSORTEN
In Deutschland gibt es über 2000 verschiedene Apfelsorten. Auf dem Streuobstlehrpfad in und um Burgbernheim erfährt man Wissenswertes zum ökologisch wertvollen Lebensraum der Streuobstwiese. Die prachtvollen, alten Obstbäume bieten einen wunderbaren Anblick. Auch die Aussicht über die Frankenhöhe und ins Aischtal ist großartig. Unterwegs gibt es mehrere Rastplätze, an denen man die Atmosphäre der Streuobstlandschaft genießen kann.

Weitere Informationen findet man unter
www.burgbernheim.de

← Burgbernheim Wildbad hat nicht nur eine eigene Bahnhaltestelle, sondern auch einen wunderbaren Waldgasthof mit sehenswerten denkmalgeschützten Gebäuden.
↑ Burgbernheim ist bekannt für seine Pflege der Streuobstwiesen, die man auf dem Rundweg »Im Gründlein« erwandern kann.

46

AUF DEM HEXENBERG

DER PETERSBERG BEI MARKTBERGEL

Der rund 1600 Einwohner zählende Ort Marktbergel liegt am Fuße der Frankenhöhe. Im 9. Jahrhundert n. Chr. erstmals urkundlich erwähnt, war Marktbergel aber bereits zur Jungsteinzeit besiedelt. Mit dem Petersberg besitzt man einen sagenumwobenen Ort in wundervoller Naturumgebung.

Schwarzes Bilsen- und Gemeines Hexenkraut findet man zwar selten, aber es gibt sie hier am Berg, der eher ein Hügel ist. Außerdem verschiedene Rautengewächse, Orchideen, Katzenpfötchen und Klappertopf, Wermut, wilde Minze und natürlich den Löwenzahn: Am Petersberg bei Marktbergel kommen die Hexenkräuterforscher auf ihre Kosten. Im Bereich des Petersbergs sind über 700 Pflanzenarten registriert, doppelt so viele wie durchschnittlich in Mittelfranken auf gleicher Fläche. Aber Vorsicht: Nicht zu jeder Jahres- und Monatszeit ist es empfehlenswert, sich hier auf Kräutersuche zu begeben. An dunklen Vollmondnächten zum Beispiel sollte man sich nicht unbedingt auf den »Berg« bei Marktbergel hinauftrauen, den man bequem vom Parkplatz östlich der B 13 aus mit einem gemütlichen, halbstündigen Anstieg erreicht. Zu gefährlich – die Hexen könnten gerade einen Kräutermarkt abhalten, ihre neuesten Rezepte testen und einen Vorkoster oder eine Vorkosterin benötigen.

Kreuzkröte und Summstein

Auch einige seltene Tierarten haben sich auf den Petersberg zurückgezogen. So sind hier der Schwalbenschwanz, die Kreuzkröte und der Hirschkäfer zu finden. Man hört den Wendehals, die Heidelerche oder den Feldschwirl rufen und sieht den Neuntöter auf dem Gipfelkreuz sitzen. Auf dem rund dreieinhalb Kilometer langen Weg den Berg hinauf erfahren die Wandernden an 15 Erlebnisstationen Wissenwertes über die Lebensräume und die dort vorkommenden Pflanzen- und Tierarten. Ob Heckentunnel, Wetterstation oder Summstein, der Petersberg ist auch ein mystischer Ort, das spürt jeder, der ihn erklimmt, und um ihn ranken sich natürlich zahlreiche Sagen: So sollen ihn bereits Druiden als Kultberg genutzt haben, und ein geheimer unterirdischer Gang soll bis zur Kirche St. Kilian in Marktbergel führen. Wer diesen benutzt hat, ist nicht überliefert. Sollte man allerdings den Eingang im Gestrüpp finden: lieber draußen bleiben, wer weiß schon, wer dort unten lauert. Im Mittelalter wurde der Berg immer mehr zum Mittelpunkt des Hexen-Aberglaubens. Dagegen ließ die Kirche um 1350 eine Kapelle auf der Kuppe errichten. Sie hatte zwei Türmchen und war den Aposteln Petrus und Paulus geweiht. Auch ein Schatz soll hier vergraben sein. Was im Übrigen für die Vollmondnächte gilt, sollte erst recht für die Nacht zum 1. Mai beherzigt werden: Da sollte man den Petersberg auf keinen Fall betreten. Davon einmal abgesehen ist Marktbergel mit der umgebendne Natur ein äußerst hübscher und gastfreundlicher Ort. Mit und ohne Hexentanz.

← Wer solch einen Hügel wie den Petersberg vor der Haustür hat, braucht sich keine Sorgen zu machen: Sagen, Mythen und neue Zaubergeschichten gehen ihm sicher nicht aus.
↓ Viele Vogelarten tummeln sich am Petersberg am Nordrand der Frankenhöhe, darunter auch der Wendehals aus der Familie der Spechtvögel.

INFO

PFERDEHOF

Erholsame Ausritte oder Wanderritte mit Fjordpferden kann man im Pferdehof der Familie Michael und Carmen Semmler im Ortsteil Ermetzhof buchen.
www.marktbergel.de/reiten.html

ROTES ROSS

»Ein Leben ohne Freude ist wie eine weite Reise ohne Gasthaus« wusste schon der griechische Philosoph Demokrit um 400 v. Chr. Im Hotel-Gasthof Rotes Ross in Marktbergel findet man schnell Freude und Freunde, denn friedliches Miteinander gehört zur Philosophie des Hauses. Es gibt zwei Gaststuben, stilvoll eingerichtet mit einer gelungenen Mischung aus Tradition und modernem Design. Das Ambiente des Restaurants, des Gartenbereichs, des Gewölbekellers und der zwölf Zimmer wirkt nicht überfrachtet, ist offen, hell und freundlich.
www.rotes-ross-marktbergel.de

Weitere Informationen findet man unter
www.marktbergel.de

AUF DER FRANKENHÖHE

EUROPÄISCHE WASSERSCHEIDE

Es spielt sich unter unseren Füßen eine große Zahl an von uns unbemerkten Prozessen in der Erde ab, die aber trotzdem einen großen Einfluss auf unser Leben haben. Es geht nicht nur um geologische Prozesse, um Gewinnung von Rohstoffen und die Nutzung von Wärmeenergie. Auch das Wasser spielt eine zentrale Rolle.

Biodiversität und Fauna-Flora-Habitat – manche Begriffe aus dem Naturschutz wecken so viel Ehrfurcht, dass der Hobbywandernde sich kaum mehr traut, einen Fuß vor den anderen zu setzen. Schließlich will keiner dem Erhalt der Pflanzen- und Tiervielfalt im Wege stehen. Wenn es dann noch europäisch wird, ist Achtsamkeit angesagt. Also demnächst besser zu Hause auf dem Balkon bleiben? Und im Vorgarten ja kein Unkraut zupfen oder zertreten, denn es könnte eine geschützte oder bedrohte Pflanzenart sein, die man noch nicht kennt?

← Wir erleben Wasser meistens oberirdisch in Form von Regen, Seen, Bächen, Flüssen und Meere. Aber es gibt auch unterirdische Wasserwelten von großer Bedeutung.
↙ Wasser brauchen Menschen, Tiere und Pflanzen zum Leben. Doch woher kommt der Stoff, ohne den wir verloren sind?
↓ Auf dem sechs Kilometer langen Auracher Besinnungsweg kann man der Bedeutung des Wassers meditativ nachspüren.

Auf der Frankenhöhe kann man unbesorgt wandern, denn die Wege sind nicht nur gut beschildert, auch das Informationsmaterial kann sich sehen lassen. Wer sich in Colmberg beim Tourismusverband die Karte zum Wanderweg »Europäische Wasserscheide im Naturpark Frankenhöhe« besorgt, erhält detaillierte Routenvorschläge für Tageswanderungen mit Einkehr- und Übernachtungsmöglichkeiten, die auf die besonderen ökologischen Bedingungen Rücksicht nehmen und auch aufzeigen, wie man sich naturschonend in diesem besonderen Gebiet bewegt. Denn dass die Gegend hier eine besondere ist, steht außer Frage.

Von Spanien zum Ural

Europäische Wasserscheide – was hat es mit diesem grenzüberschreitenden Namen also auf sich? Zunächst einmal wird ein großer Teil der Landschaft in der Region Romantisches Franken vom Höhenzug des Naturparks Frankenhöhe gebildet. Und mitten hindurch verläuft ein Teil der Europäischen Wasserscheide, die sich als geografische Linie vom Süden Spaniens bis zum Ural im Nordosten hin erstreckt. Hier entscheidet sich in einem für uns unsichtbaren, unterirdischen Ringen, das bereits vor 140 Millionen Jahren mit dem Entstehen des Oberrheingrabens einsetzte, ob das Wasser der noch so kleinsten Quelle in Richtung Norden dem Flusssystem des Rheins zufließt oder gen Süden zur Donau hin plätschert. Das hat zur Folge, dass die Altmühl und die Wörnitz zum Beispiel nach Süden fließen, Fränkische Rezat und Bibert sich Richtung Norden dem Main zuwenden. Eine besonders schöne Strecke führt vom Bahnhof Oberdachstetten über Anfelden, den Schafsee und das Quellgebiet der Altmühl nach Burgbernheim zum Wildbad. Die 14 Kilometer lassen sich ohne Eile in einem halben Tag zurücklegen. Schattige Mischwälder, idyllische Wiesen, Trockenrasengebiete, Feuchtbiotope und die Wasserscheide kreuzen dabei den Weg.
www.wasserscheideweg.de

47

GENUSSERLEBNIS IN DER NATUR

DER KAPPELBUCK BEI BEYERBERG

Häufig erlebt man die Natur wie ein Konsumgut: Dies und das muss man noch gesehen haben und abhaken. Es geht auch anders: Wer Natur- und Genusserlebnis verbinden will, wird in der Nähe von Ehingen im Ortsteil Beyerberg fündig. Der Kappelbuck und der Hortus Insectorum zeigen, wie es geht.

Etwas grimmig schaut er drein, der Schäfer am Kappelbuck, der dort als Holzfigur über die Landschaft wacht. Kein Wunder, denn durch Billig-Importe aus Osteuropa und anderen fernen Ländern hat sich der Wert heimischer Schafwolle in den letzten Jahrzehnten kontinuierlich verschlechtert. Aber ohne die Beweidung durch Schafe hätten sich Naturräume und Wiesenflächen wie am Kappelbuck schon längst in eintönige Gebüschlandschaften verwandelt. All das geht einem durch den Kopf, wenn man am Kappelbuck bei Ehingen wandert und sich an der friedlich den Hang hinaufziehenden Schafherde erfreut.

Im Grünen Klassenzimmer

Dabei ist der Schäferberuf alles andere als idyllisch. Die mageren Wiesen reichen oft nicht aus, um die Herde zu ernähren. So müssen die Schäfer oft zusätzlich Landwirtschaft betreiben und Absatzmärkte erschließen. Doch wenn man ihn sieht, auf seinen Schäferstab gestützt, mit wachen Augen und ruhigem Ton Hund und Herde dirigierend, hat man das Gefühl: Da steht jemand, der sich im Einklang mit der Natur befindet. Auf dem weitläufigen Gelände am Kappelbuck mit Streuobstwiesen, Magerrasen, alten Bäumen und Buschwerk wird es ab und zu sehr lebendig, denn mit Initiativen wie dem »Grünen Klassenzimmer« oder Veranstaltungen wie Brotbackseminaren, Märchenerzählen, Herstellung von Naturkosmetik und Kräuterbrotzeit bringen Naturpädagoginnen und -pädagogen aus der Region Kindern und Erwachsenen die Bedeutung heimischer Arten näher. Und auf 27 Stationen zeigen Informationstafeln alles Wissenswerte über Tiere und Pflanzen, Naturschutz und Geologie, Obstbewirtschaftung, Imkerei und Schäferei.

Im Ehinger Ortsteil Beyerberg gibt es mit dem Hortus Insectorum von Natur- und Landschaftsführer Markus Gastl mit vorheriger Anmeldung einen Privatgarten zu besichtigen, der dem Grundprinzip eines Drei-Zonen-Gartens mit Pufferzone, Hot-Spot-Zone und Ertragszone folgt, ein ökologisches Paradies für Schmetterlinge, Wildbienen, Libellen und Schmetterlinge – ein Garten, der einem das Gen der Faszination unbemerkt einpflanzt, indem er uns lehrt, loszulassen, die Weite und Stille, das Summen der Insekten und das Zwitschern der Vögel zu genießen. Dort gibt es keine effekthaschende Gartengestaltung im klassischen Sinn, dort wird man von unsichtbarer Hand geleitet durch einen Lebensraum, der sich selbst reguliert und der ein Angebot macht: Schau genau hin und denke nach, was du für die Natur in deinem Garten tun kannst.

INFO

BROTBACKKURSE
Natur- und Genuss-Erlebnisse am Kappelbuck für alle Altersgruppen veranstaltet das ganze Jahr hindurch der Verein GenussErlebnis Kappelbuck e.V. Interessierte können Brot backen lernen, an Verköstigungen von Holzofenbrot, Apfelleberwurst und Griebenschmalz teilnehmen und spannenden Geschichten rund um das Naturerlebnisgelände lauschen, geleitet von Kneipp- und Gesundheitstrainerin Lilly Engelhardt und Naturerlebnispädagogin Hannelore Gebhardt.
www.kappelbuck.de

APFELMOST
Ab Oktober lädt der Obst- und Gartenbauverein Beyerberg zur Besichtigung seiner Kleinmosterei mit Verkostung frisch gepresster Säfte ein.
www.ogv-beyerberg.de

Weitere Informationen findet man unter www.ehingen-hesselberg.de

← Der Hortus Insectorum bei Beyerberg ist ein Privatgarten, den man nach vorheriger Anmeldung besichtigen kann: Er ist eine ökologische Oase für Lebewesen aller Art.
↑ Es sind die vielen kleinen Details, die einem naturnahen Garten ein besonderes Flair verleihen. große Gesten sind gar nicht nötig.

13. Apostel
Wurm Bier
1
172
13 Apostel 1821
geöffnet

48

VOM HESSELBERG ZUR ALTMÜHL

IM NATURPARK ALTMÜHLTAL

Schwarzes Bilsen- und Gemeines Hexenkraut, verschiedene Orchideen, Rautengewächse, Katzenpfötchen und Klappertopf, Wermut, und wilde Minze: Der Hesselberg und der Naturpark Altmühltal bieten einzigartige Pflanzen- und Naturräume auf der Südlichen Frankenalb.

Schwarzer, brauner und weißer Jura, Lias, Dogger und Malm? Keine Sorge, man kann den Wander- und Geologischen Lehrpfad am Hesselberg am nordwestlichen Ende des Altmühltals auch ohne erdgeschichtliches Studium bereisen und sich dabei wohl fühlen. Auf dem Wanderweg zum Gipfel des Hesselberges lernt man etwas über Jurensismergel, Posidonienschiefer, Amaltheenton, Opalinuston oder Atoxioceratenschichten. Alles klar?

Geologischer Lehrpfad

Manche streichen bereits am Quellhorizont die Segel, dort gibt es unter Schatten spendenden Obstbäumen eine verlockende Holzbank – zwar etwas in die Jahre gekommen, aber mit herrlicher Aussicht über die Ebene bei den charmanten Orten Wittelshofen, Gerolfingen und Aufkirchen. Vom Hesselberggipfel aus, der wie eine Insel aus der mittelfränkischen Limes-Ebene herausragt und immerhin 689 Höhenmeter erreicht, kann man an klaren Tagen sogar in der Ferne die Alpen erblicken. Der Geologiepfad beginnt am Parkplatz hinter dem Wittelshofener Ortsteil Grabmühle und führt über Obstwiesen und Wälder in gut einer Stunde hinauf zur Höhe, je nachdem wie die Kondition aussieht. Dort angekommen, kann man in zwei Stunden den Gipfelrundweg absolvieren, der gut beschildert ist und zu den schönsten Aussichtspunkten führt. Neben Teufelsloch, Osterwiese und Hundsrücken kommt man in der Nähe des Gipfelkreuzes auch am »Hängenden Stein« vorbei, von dem die Legende erzählt, dass auf ihm stehend der Schwedenkönig Gustav-Adolf den Anmarsch seiner Truppen zur Schlacht von Nördlingen beobachtet haben soll. Die noch gut sichtbaren Ringwälle um den Hesselberg gehören mit fast fünf Kilometern zu den längsten Bauwerken dieser Art in Deutschland. Sie wurden um 1200 errichtet, was auf eine frühzeitige Besiedlung des Gebietes schließen lässt. Seltene Orchideen- und Enzianarten gibt es hier in dem an Kleinbiotopen so reichen Gebiet. Vielleicht begegnet einem ja auch die Berghexe, eine vom Aussterben bedrohte Schmetterlingsart, die über den Magerrasen der Berghänge flattert.

← Hat man das Zählen verlernt, im Religionsunterricht nicht richtig aufgepasst? Keine Sorge, der 13. Apostel ist ein schöner Gasthof im Altmühltal, nicht mehr und nicht weniger.

Australien im Altmühltal

Manche Weltenbummler reisen um die halbe Erdkugel, um den zwölf Aposteln auf die Spur zu kommen. Die einen begeben sich auf die Pilgerwege der zwölf Jünger Christi, durchwandern das Heilige Land, kreuzen im Mittelmeer oder gehen auf biblische Reisen. Andere fliegen bis nach Australien, um die Twelve Apostles zu bewundern, jene markanten, bis zu 60 Meter hohen Kalksteinfelsen vor der

Küste zwischen Princetown und Port Campbell im Südwesten Victorias an der Great Ocean Road. Verblüfft stellen sie dann fest, dass sie doch noch bis zwölf zählen können, wenn ihnen erklärt wird, dass auf Grund von Wind und Wetter, Stürmen und Erosion, aus den einst zwölf Felsen heute sieben geworden sind. Ihre weitere Reduzierung könnte durch katastrophenartige Wetterphänomene schneller voranschreiten, als wir zählen können. Dabei braucht man gar nicht bis nach Australien zu reisen, die Zwölf Apostel findet man in Form einer wilden Felsformation auch im schönen Altmühltal an den nördlichen Talhängen zwischen Eßlingen und Solnhofen. Die auch hier mächtig emporragenden Dolomit-Felsen haben sich zu einer Gruppe formiert, die sich sowohl vom Altmühltal-Radweg und vom Altmühltal-Panorama-Wanderweg als auch von einer Kanufahrt auf der Altmühl aus sehr gut erspähen lassen. Dabei kommt der schönen Aussicht zugute, dass es keine großen Parkplätze direkt unterhalb der Felsen gibt, die das Landschaftsbild stören würden. Man muss schon ein bisschen wandern, radeln oder sich aufs Wasser begeben, um den wundervollen Anblick genießen zu können. Auch der geologische Untergrund der Zwölf Apostel ist einzigartig. Die Schichtkalke des Treuchtlinger Marmors, einer Gesteinsart des Weißen Jura, haben mit den Schwammkalksteinen hier eine erdgeschichtliche Besonderheit geschaffen.

Große Erfindung

In der hübschen Altmühl-Gemeinde Solnhofen gibt es nicht nur wunderbare Naturwege am Fluss und den Berghängen, hier wurde auch eine große Erfindung gemacht. Alois Senefelder (1771–1834), dem die Stadt ein Denkmal setzte, musste lange dafür kämpfen, bis seine Erfindung des Steindrucks (Lithografie) den Durchbruch schaffte – diesen dafür aber dann weltweit und mit einer anhaltenden Bewunderung, die noch heute vor allem Künstler und Ästheten in Verzückung versetzt. Sein Gesicht mag schon etwas angestaubt erscheinen, seine Statur, seine Gestik, ja die gesamte Erscheinung und ihre Ausstrahlung zeugen von großer Eleganz. Dabei hatte der gute Mann es nicht immer leicht in seinem Leben. Obwohl aus gutem Hause, aus geordneten, bürgerlichen und finanziell abgesicherten Familienverhältnissen, musste er um Anerkennung kämpfen. Man steht vor seinem Denkmal und kann sich lebhaft vorstellen, wie ihm 1796 ein Licht aufging. Er war an einem regnerischen Tag auf einem Spaziergang unterwegs in der ihm vertrauten Gegend um Solnhofen, als sich ein Blatt auf einem Kalkstein abgebildet hatte, überzogen von einer feinen Regenwasserschicht und dadurch leicht glänzend. Diese Beobachtung brachte ihn sofort auf den Gedanken, auf Stein zu ätzen und eine neue Drucktechnik auszuprobieren. Es dauerte noch bis zum Jahre 1800, ehe Mozarts Klavierkonzerte als erste lithografische Notendrucke erschienen. Doch die Erfindung der Lithografie war eine große technische Innovation, waren die Drucke doch wesentlich kostengünstiger herzustellen als mit der Kupferstichtechnik.

↖← Die Felsformationen der Zwölf Apostel im Altmühltal bei Solnhofen sind ein beliebtes Fotomotiv, ihr Entstehen und die erdgeschichtliche Bedeutung der Kalksteine des Weißen Jura rechtfertigen den großen Namen.
↗ Burg Dollnstein als Standort des Altmühlzentrums erinnert unter anderem an Konrad Kyeser (1366–nach 1405) aus Eichstätt, den Verfasser des ersten deutschsprachigen militärwissenschaftlichen Buches.

INFO

GASTHAUS

Ganz bescheiden nennt man sich das »kleine Gasthaus im Altmühltal«. Hier in Eßlingen im 13. Apostel wartet ein netter Gasthof mit Biergarten auf hungrige Besucher, der den ganzen Charme der Region ausstrahlt: Bodenständigkeit, Ehrlichkeit, Gastfreundschaft. Hier gibt es unter anderem leckere, regionaltypische Speisen und Getränke sowie hausgemachte Kuchen in bester Qualität zu vernünftigen Preisen. Auf das Jahr 1774 lässt sich die Geschichte des Gasthauses zurückverfolgen. Im Jahre 2004 erwarben Marion und Albert Lippenberger das Haus und sanierten das Gebäude mit viel Liebe zum Detail.
www.dreizehnter-apostel.de

BASILIKA

Ganz in der Nähe des Denkmals von Alois Senefelder kann man die Überreste der Solnhofener Solabasilika besichtigen, die mit ihren Säulen aus karolingischer Zeit zu den ältesten Baudenkmälern in Deutschland gehört.
www.solnhofen.de

KANUTOUR

Eine Kanu-Tagestour von Solnhofen bis Dollnstein ist ein wunderbares Erlebnis, Boote gibt es im Outdoorzentrum Aktivmühle in Solnhofen zu mieten.
www.aktivmuehle.de

Weitere Informationen findet man unter www.naturpark-altmuehltal.de

Der Altmühltal-Panoramaweg bietet Wandernden eine großartige Vielfalt an Landschaftsformen und Wegstrecken in Berg und Tal.

49

PARADIES FÜR FAHRRADFREUNDE

DURCH DAS TAUBERTAL

Das Taubertal ist ein ausgezeichnetes Revier für Fahrradfahrer. Aus rund 2200 Kilometern an Radtourenvorschlägen kann man seine persönliche Lieblingstour auswählen. Der rund 100 Kilometer lange Radweg »Liebliches Taubertal – Der Klassiker« führt von Rothenburg ob der Tauber bis Wertheim am Main.

Wenn ein Radweg seit 2009 ununterbrochen vom Allgemeinen Deutschen Fahrradclub mit fünf Sternen bewertet wird, dann gehört er zweifelsfrei zur nationalen Spitzenklasse. Die Auszeichnung sagt allerdings auch etwas über die Gastfreundlichkeit einer Region aus, die für Radwandernde ein kleines Paradies darstellt. Ob es bei Wertheim der Mainradweg ist oder Themenradwege wie die »Wein-Radreise« oder der »Main-Tauber-Fränkische-Rad-Achter« – die Gastgeber von Übernachtungs- bis zu Restaurant- und Reparaturbetrieben haben sich auf die radelnden Gäste eingestellt und bieten ihnen einen entsprechenden Service. Auch die Regiotouren enthalten interessante Rundfahrten für E-Bike und Pedelec-Fahrer, zum Beispiel den »Grünkernradweg«. Erlebnisreiche Ferientage werden in einer Region, die sich zwar lieblich nennt, aber genügend wildromantische Gegenden aufweist, auch für Wandernde angeboten. Mit dem Panoramaweg Taubertal von Freudenberg über Wertheim und Bad Mergentheim nach Rothenburg ob der Tauber steht ein weiteres Qualitätsangebot zur Verfügung. Dieser rund 130 Kilometer lange Wanderweg ist mit dem Siegel »Wanderbares Deutschland« ausgestattet. Hinzu gesellen sich der Jakobswanderweg durch Odenwald, Main- und Taubertal sowie 30 Rundwanderwege inklusive dreier Bierwanderwege, so dass sich ein insgesamt flächendeckendes Netz an Aktivangeboten im Taubertal ergibt.

Neben Fahrradfahren und Wandern kann hier auch dem Wasser-, Camping- und Wohnmobilspaß oder dem Reiterurlaub nachgegangen werden. Wie Perlen an einer Kette reihen sich eindrucksvoll mittelalterliche Städte, Gemeinden und Dörfer an Tauber und Main sowie in den Seitentälern und auf den Höhenzügen auf. Burgen, Schlösser, Klöster und Museen, Steinbrücken, von Heiligen beschirmt, Madonnen, Bildstöcke und Wegkreuze auf den Fluren sind Beispiele dieser unterwegs zu erlebenden Geschichte. Besondere Aushängeschilder sind das Schloss Weikersheim, das Deutschordensschloss in Bad Mergentheim, das Schloss Külsheim, das Kurmainzische Schloss Tauberbischofsheim und das Hofgartenschlösschen in Wertheim, und nicht zu vergessen die Burgen in Freudenberg, Gamburg, Igersheim und Wertheim.

Große Kunst und Künstler

Hinzu gesellt sich Kunst auf internationalem Niveau: die Tilman-Riemenschneider-Altäre in der Herrgottskirche in Creglingen und in der Jakobskirche in Rothenburg ob der

→ Unterhalb von Rothenburg ob der Tauber liegt mit dem Topplerschlösschen ein gut erhaltener Wohnturm aus dem 14. Jahrhundert, der dem Rothenburger Bürgermeister Toppler gehörte.

← Das Taubertal trägt wie hier bei Tauberscheckenbach zu Recht die Bezeichnung »lieblich«. Sanfte Hügel und bunte Mischwälder prägen das Bild.
↙ Schloss Weikersheim war einst eine Wasserburg an der Tauber, wurde dann in ein Renaissance-Schloss mit Barockgarten verwandelt.
↘ Kloster Bronnbach liegt im Unteren Taubertal, die ehemalige Zisterzienser-Abtei gehört heute dem Main-Tauber-Kreis und wird als kulturelles Zentrum genutzt.

Tauber/Detwang, die Tauberbrücke bei Tauberrettersheim von Balthasar Neumann, die Stuppacher Madonna von Matthias Grünewald sowie Werke von Thomas Buscher in der Stadtkirche Tauberbischofsheim und in der Dorfkirche von Gamburg. Nicht unerwähnt bleiben darf das ehemalige Zisterzienserkloster in Bronnbach mit Klosterkirche, Kreuzgang, Joseph- und Bernhardsaal, die mit großem Freilichtfresko geschmückte Orangerie und der 2017 sanierte Abteigarten. Das Kloster ist eingebettet in eine wunderbare, ursprüngliche Naturumgebung, so gibt es ruhige Wanderwege auf den Spuren der Mönche. Ein besonderes Erlebnis ist hier das zeitgemäße »Meditative Wandern – Auf den Spuren der Zisterzienser« mit Start am Kloster Bronnbach. Der Weg führt abwechslungsreich durch Felder und Weinberge und bietet herrliche Ausblicke auf das Kloster und das Taubertal. Die Tour »Kreuzweg, Kirchen und Kapellen« ist ein Streckenwanderweg von Königheim über Tauberbischofsheim nach Großrinderfeld. Auch hier wird man mit herrlichen Ausblicken in das Taubertal und auf die Höhen links und rechts der Tauber belohnt. Die Rückkehr zum Ausgangsort ist mit Bussen möglich. Nicht zuletzt führt die Tour »Pilgern durchs Grünkernland zum Dom der Franken« als Streckenwanderung durch ausgedehnte Wälder und Feldfluren vom Münster in Bad Mergentheim zum Frankendom in Wölchingen. Die Rückkehr kann mit dem Zug erfolgen. Wem danach der Sinn nach göttlicher Musik steht, findet im Konzerthaus Tauberphilharmonie in Weikersheim Raum für hochkarätige Konzerte.

Vielfalt und Genuss

Langweilig wird es einem im Taubertal mit Sicherheit nicht. Denn zu der bereits erwähnten Kunst und Kultur erschließt sich dem Gast eine faszinierende Museumswelt. Das Grafschaftsmuseum und das Glasmuseum in Wertheim, das Deutschordensmuseum in Bad Mergentheim, das Tauberfränkische Heimatmuseum in Tauberbischofsheim, das Tauberländer Dorfmuseum in Weikersheim und das Kriminalmuseum in Rothenburg ob der Tauber sind nur einige Besuchertipps, die einen Regentag, an dem man nun wirklich nicht draußen sein will, unvergessen machen.

Solch ein ereignisreicher Tag im Taubertal sollte am besten mit einem Besuch in einem gemütlichen Lokal mit Taubertäler Spezialitäten ausklingen. Das regionale kulinarische Profil mit Grünkern, Bachforelle, Wild und Produkten aus der lokalen Schweinezucht ist bodenständig und schmackhaft. Gekrönt wird dieser Speisegenuss mit exzellenten Weinen, an der Tauber gebrauten Bieren oder einem Edelobstbrand. So entdeckt man die ganze Vielfalt des Main- und Taubertals von seiner angenehmsten Seite. Wer einmal diese besondere Kulturlandschaft mit ihren Rebhängen, sanften Hügeln, Feldern und Waldzügen und die gemütlichen kleinen Weinorte entlang der »Weinstraße Taubertal« besucht hat, kehrt immer wieder zurück in eine der schönsten wildromantischen Regionen unseres Landes.

INFO

FAHRRÄDER
Auch für E-Biker ist eine gute Infrastruktur vorhanden: Elektrofahrräder können im »Lieblichen Taubertal« an zehn Stellen ausgeliehen und der Akku an 79 Stationen aufgetankt werden.
www.radverleih-taubertal.de

WANDERTAGE
Bei den »Taubertäler Wandertagen« im Oktober dreht sich drei Tage lang alles ums Wandern. Hier kann das Taubertal während geführter Wanderungen entdeckt werden, die mit einer Fülle von Informationen zu Natur und Sehenswürdigkeiten in der Umgebung aufwarten. In der Broschüre zur Veranstaltung erhält der Gast auch Informationen zur Abendgestaltung. So kommt auch die Taubertäler Gastlichkeit nicht zu kurz.

BOOTSWANDERN
Tauber und Main eignen sich bestens für Aktivitäten auf dem Wasser. Kanus und Kajaks kann man in Bad Mergentheim, Wertheim und Miltenberg ausleihen.
www.kanu-touristik-drescher.de

Weitere Informationen findet man unter www.liebliches-taubertal.de

Im Taubertal ziehen noch Schäfer mit ihren Herden durch die Landschaft.

Im Taubertal unterhalb von Rothenburg überspannt eine historische Doppelbogenbrücke den Fluss Tauber. Sie stammt aus dem 14. Jahrhundert und war Teil einer bedeutenden Handelsstraße, die von Würzburg nach Augsburg führte.

50

WALD, WIESEN UND WEIN

DER STEIGERWALD

Ganz Franken in einer Region – im Steigerwald wird diese Aussage wahr, denn tatsächlich treffen hier die drei fränkischen Regierungsbezirke aufeinander. Landschaftlich, kulturell und kulinarisch bietet der Steigerwald daher eine einzigartige fränkische Vielfalt für Reisende.

Dunkle Wolken ziehen auf über der Ruine der Stollburg, unten im Handthal zieht eine Schafherde gemütlich am Bach entlang, auch die Hütehunde scheint der bevorstehende Regenschauer nicht zu beunruhigen. Die Schäfer schon gar nicht, stehen sie doch geschützt an einer Baumgruppe und beobachten ungerührt ihre Herde. Die Sonne lässt die Talwiesen besonders saftig erscheinen, ein Regenbogen lässt bestimmt auch nicht auf sich warten. Idyllische Szenen wie diese findet man im Steigerwald häufig, da ist das hübsche kleine Handthal als Zugangsort zum Naturpark Steigerwald keine Ausnahme. Hier haben die ältesten Buchen Deutschlands überlebt. Die größten und höchsten Baumriesen finden sich in einem Naturwaldreservat mit dem romantischen Namen »Kleinengelein«, das über einen »Pfad der Artenvielfalt« zu erreichen ist. Erhalten sind diese Buchenmischwälder vor allem im ehemaligen Herrschaftsbereich der Ebracher Zisterziensermönche, die bis zur Säkularisation im Jahr 1803 durch ihre Landnutzung mit Waldwirtschaft, Weinbergen und Karpfenteichen den Norden des Steigerwaldes prägten, in dem auch der urige Naturwald Knetzberge-Böhlgrund liegt. In den Mittelwaldflächen bei Iphofen, aber auch im südlichen Steigerwald mit seinen knorrigen Alteichen, findet man in den Hutewäldern und Streuobstwiesen bei Helmitzheim noch den selten gewordenen Ortolan, eine Vogelart aus der Familie der Ammern.

Weinort Handthal

Direkt am Waldrand des idyllischen Winzerdorfes Handthal, in dem man den Eindruck bekommt, als sei hier die Zeit stehen geblieben, liegt das »Steigerwald-Zentrum – Nachhaltigkeit erleben«. Mit seiner modernen, landschaftsangepassten Architektur macht das Gebäude schon von außen neugierig. Herzstück des Walderlebnis- und Waldinformationszentrums ist eine spannende Ausstellung mit interaktiven Mitmachstationen, die über die naturnahe Waldbewirtschaftung und die Steigerwald-Region informiert. Bei Waldführungen mit dem Förster kann man den Steigerwald mit all seinen Facetten entdecken. Bekannt ist der Steigerwald aber auch für die größten noch heute aktiv von Holzrechtlern bewirtschafteten Mittelwaldflächen. Die lichten Stockausschlagswälder mit zahlreichen Alteichenbeständen bieten durch ihre Baumartenvielfalt einen großen Artenreichtum an Insekten und Vögeln. Die Gemeinschaftswälder im Steigerwald wurden wegen ihrer Einzigartigkeit deshalb 2018 auch in das Bayerische Landesverzeichnis des immateriellen Kulturerbes aufgenommen.

INFO

BAUMWIPFELPFAD

Auf dem Baumwipfelpfad Steigerwald bei Ebrach kann man auf einer Höhe von bis zu 42 Metern den Steigerwald aus einer neuen Perspektive erkunden. In den Baumkronen verlaufend, bietet der Pfad neue Eindrücke rund um den Lebensraum Wald. www.baumwipfelpfadsteigerwald.de

HIMMELSWEIHER

Neben Wald und Wein ist der Landstrich zwischen Main und Zenn noch mit einer weiteren markanten Landschaft gesegnet: Bis zu 7000 Karpfenteiche, »Himmelsweiher« genannt, zählt man im Aischgrund. Rund 1200 Teichwirte erzeugen umweltverträglich den bekannten Aischgründer Karpfen, der in den kühlen Monaten von September bis März in den Gasthäusern gebacken oder »blau« serviert wird.

Weitere Informationen findet man unter www.steigerwald-naturpark.de

← Die Ortschaft Kammerforst am Fuße des Steigerwaldes besitzt die südlichsten Weinlagen im Landkreis Schweinfurt.
↑ Die Dreifaltigkeitskirche in Eschenau gehört zur Gemeinde Knetzgau im Landkreis Haßberge. Sie steht unter Denkmalschutz.

Bei Berolzheim, das bereits um 750 in einer Schenkungsurkunde des Klosters Fulda erwähnt wird, zeigt sich der Steigerwald von seiner offenen, weitläufigen Seite.

REGISTER

BILDNACHWEIS

Alle Bilder im Innenteil stammen von Jörg Berghoff, außer:
Lookphotos: S. 2/3 (Tetra), 6/7 (Tobias Richter), 7/8 o. (Christian Bäck), 7/8 u.m. (Heinz Wohner), 10/11 o. (Andreas Strauß), 12 (Daniel Schoenen Fotografie), 39 (Hewlett-Packard, Olaf Bathke), 40/41 (Hewlett-Packard, Olaf Bathke), 42 (Sabine Lubenow), 45 (Daniel Schoenen Fotografie) 46 o. (Daniel Schoenen Fotografie), 46 u. (Konrad Wothe), 47 o. (Andreas Strauß), 47 u. (Günther Bayerl), 48 (Heinz Wohner), 50 (Sylvia Pollex), 51 (Hewlett-Packard, Thomas Grundner), 89 o. (Frank van Groen Photography), 90 (Brigitte Merz), 100 (Heinz Wohner), 101 (Heinz Wohner), 124 (Karl Johaentges), 125 (Brigitte Merz), 126/127 (Heinz Wohner), 130 o. (Hans-Georg Eiben) ,130 u. (Konrad Wothe), 131 o. (Brigitte Merz), 131 u. (robertharding), 132 (Brigitte Merz), 133 (Brigitte Merz), 160/161 (Hanna Wagner), 180/181 (Val Thoermer).
Shutterstock: S. 16 (RoseStudio), 38 (penofoto), 43 (Till Rottmann) 49 (OnkelKrischan), 88 (Alexander Schneider), 89 u. (travelpeter), 91 (ON-Photography Germany), 129 (Martin Mecnarowski), 167 (CezaryKorkosz).

WIDMUNG & DANK

Dieses Buch ist meiner Frau Beate gewidmet, die mich bei den Recherchen großartig unterstützt hat. Der Autor bedankt sich außerdem bei Kathrin Baumann, Anne Heußner, Sabine Kraus, Ines Nebelung, Mandy Neumann, Sylvia Stock und Regina Zibell für die wertvollen Anregungen und Informationen.

IMPRESSUM

Verantwortlich: Carola Holzer / Maren Langendorff
Lektorat: Beate Martin
Layout: BUCHFLINK Rüdiger Wagner
Korrektorat: Christiane Gsänger
Repro: LUDWIG:media
Herstellung: Bettina Schippel
Printed in Slovakia by Neografia

★★★★★

Sind Sie mit diesem Titel zufrieden? Dann würden wir uns über Ihre Weiterempfehlung freuen.
Erzählen Sie es im Freundeskreis, berichten Sie Ihrem Buchhändler, oder bewerten Sie bei Onlinekauf. Und wenn Sie Kritik, Korrekturen, Aktualisierungen haben, freuen wir uns über Ihre Nachricht an Bruckmann Verlag, Postfach 40 02 09, D-80702 München oder per E-Mail an lektorat@verlagshaus.de.

Unser komplettes Programm finden Sie unter

www.bruckmann.de

Umschlagnachweis: Vorderseite: Nationalpark Sächsische Schweiz: Sandsteine im Sonnenaufgang. (mauritius images/Kenny Scholz
Rückseite, oben (v.l.n.r.): Die Buchenwälder im Hunsrück-Hochwald verbreiten am Morgen eine magische Stimmung auf einsamen Wanderwegen. Auf den nordfriesischen Inseln sollte man unbedingt auf Abstand zu den Kegelrobben und Seehunden achten. Imposante Pöllatschlucht in den Ammergauer Alpen. Blick über die Bruchhauser Steine bei Olsberg im Rothaargebirge/Sauerland.
Seite 2/3: Der bayerische Eibsee unterhalb der Zugspitze ist ein traumhaftes Angler- und Kanuten-Revier. In ihm liegen acht kleine Inseln.

Die Deutsche Nationalbibliothek verzeichnet diese Publikation in der Deutschen Nationalbibliografie; detaillierte bibliografische Daten sind im Internet über http://dnb.d-nb.de abrufbar.

ISBN 978-3-7343-2647-9